회의하지 말고
퍼실리테이션 하라

Facilitation Made Easy
by Esther Cameron
Copyright ⓒ Esther Cameron, 2005, 2001, 1998
Korean translation copyright ⓒ Surprise Publishing, 2020

All rights reserved.

This Korean edition is published by arrangement with Kogan Page Ltd, London.

이 책의 한국어판 저작권은 Kogan Page와의 독점 계약으로 도서출판 뜻밖의발견에 있습니다. 저작권법에 의해 한국 내에서 보호를 받는 저작물이므로 무단 전재와 복제를 금합니다.

회의하지 말고
퍼실리테이션 하라

초판 1쇄 발행 2020년 11월 10일
초판 3쇄 발행 2022년 8월 5일

지은이 에스더 캐머런
옮긴이 이상훈 이영숙 허윤정 김성태

펴낸이 엄경희
펴낸곳 뜻밖의발견
주소 서울 마포구 연남로5길 19-5
전화 02)719-9758 팩스 02)719-9768
이메일 books4u@naver.com
등록 제313-2003-273호

ISBN 979-11-963077-1-4 03320

책값은 뒤표지에 있습니다.
잘못 제본된 책은 바꿔 드립니다.

대면에서 비대면까지 막힘없는 소통을 위하여

회의하지 말고 퍼실리테이션 하라

에스더 캐머런 지음 | 이상훈 이영숙 허윤정 김성태 옮김

뜻밖의발견

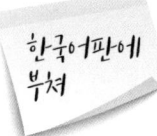

왜 지금 퍼실리테이션인가

2020년 코로나19의 대유행으로 불확실성이 더욱 커졌습니다. 우리는 모두 불안감을 느끼며 미래에 대해 걱정하고 있습니다. 하지만 불확실한 가운데서도 한 가지 확실한 것이 있습니다. 기업이나 사회가 장기적으로 번창할 수 있는 핵심 요소는, 국내이든 외국이든, 함께 모여 정보와 전망을 공유하고, 배우고 변화하며, 최선의 결정을 내리는 것입니다. 이를 위해서는 복잡한 것을 단순화하고, 진정으로 연결하며, 서로에게 친절하게 대하는 능력을 높이 평가해야 합니다.

저의 책 *Facilitation Made Easy*가 처음 나왔을 때는 사람들이 온라인에서 만나는 경우가 지금보다 훨씬 적었습니다. 이후 온라인 회의를 설명하기 위해 개정판을 냈지만, 원활한 회의와 워크숍을 운영하는 퍼실리테이션의 핵심은 예나 지금이나 변함이 없습니다.

최근에는 온라인 회의가 기하급수적으로 증가하고 있습니다. 온라인 회의는 이메일을 보내거나 스프레드시트를 들여다보는 것과는 다릅니다. 온라인 회의는 스카이프(Skype)나 줌(Zoom)과 같은 도구를 이용하여 참여자들이 회의에 잘 참여할 수 있도록 안내하면서 대화의 공간을 만드는 것이 필수적입니다.

그렇기 때문에 이 책의 정신을 뒷받침하는 퍼실리테이션의 기본 원칙은 변함이 없습니다. 시간이 흘렀지만 오히려 지금 이 시점에 더욱 중요한 의미를 갖는 것이지요. 그것을 여기에 새로이 요약해보겠습니다.

- 건전한 조직 문화를 구축하고 중대한 의사결정을 함께 하기 위해서는, 기본적으로 함께 생각하고 성찰하는 자리를 만드는 법을 배워야 한다.
- 회의나 워크숍은 계획하는 방식이 실행하는 방식만큼이나 중요하기 때문에, 리더와 퍼실리테이터는 모임의 목적, 주최자, 개최 배경 및 주제 선정에 유의해야 한다.
- 퍼실리테이션은 전통적인 회의 방식과는 달라서 그룹 전체의 참여적인 태도를 요구한다. 책임감 있는 구조를 존중하고, 경청하고 질문하는 것이 핵심이며, 대화의 방향은 바꿀 수 있지만 모두의 동의를 얻어야 한다.
- 퍼실리테이션이 끝난 후 참여자들이 회의에서 합의된 사항을 실행할 수 있도록 지원하려면 강력한 후속 조치를 취하는 것이

매우 중요하다. 그렇게 하지 않으면 참여자들은 원래대로 행동하며 다음 회의 때까지 관여하지 않는다. 온라인으로 일할 때 특히 이 점이 두드러진다.

- 억압되어 있거나 충분히 제 목소리를 내지 못하는 직책의 사람들도 회의에 참여하도록 각별히 신경 써야 한다. 새로운 방법을 요하는 복잡한 과제가 있을 때 더욱 그렇다. 온라인 회의는 고위 관리자들의 큰 목소리에 쉽게 지배될 수 있어서 각별한 주의가 필요하다.

퍼실리테이션은 불확실한 미래에 대비하는 새로운 기술로 전 세계 많은 조직에서 권장되고 있습니다. 경제적, 기후·생태적 위기를 극복해 나가기 위해 퍼실리테이션이 한층 중요해진 지금 이 책의 한국어판이 나오게 되어 정말 기쁩니다. 한국 독자들에게도 이 책이 도움이 되기를 간절히 바랍니다.

2020년 10월
에스더 캐머런
esthercameron@icloud.com

퍼실리테이션, 미래 성장을 위한 우리 모두의 필수 역량

미래의 변화가 쓰나미처럼 몰려오고 있습니다. 세계경제포럼은 미래 사회에서 필요로 하는 인재의 핵심 역량을 4C로 정리해 발표했습니다. 4C는 비판적 사고력(Critical thinking), 창의력(Creativity), 소통 능력(Communication), 그리고 협업 능력(Collaboration)입니다. 이 가운데 비판적 사고력과 소통 능력은 예전부터 변함없이 중요한 역량이지만, 인공지능과 차별화하기 위해 사람들에게 갈수록 그 필요성이 커지고 있는 역량은 창의력과 협업 능력이 아닐까 생각합니다.

특히 협업 능력은 조직의 구성원들이 각자 가지고 있는 전문적인 지식과 경험을 서로 공유하며 함께 작업하여 더 큰 가치를 창출해 내는 능력으로, 시너지 효과를 극대화하기 위해 꼭 필요한 역량입니다. 이에 글로벌 기업들은 인재를 선발할 때부터 협업을 잘할 수 있는 사람을 채용하고, 기존 직원들의 협업 능력 향상에도 많은 노력을 기울이고 있습니다. 쇠퇴해 가던 마이크로소프트를 부활시킨 인도 출신 CEO 사티아 나델라가 성장 마인드와 협업을 강조해서 성공을 거둔 이야기는 유명합니다.

우리 기업과 공공 부문도 미래 경쟁력을 갖추기 위한 협업의 중요성을 인식하고 있습니다. 조직 문화를 바꾸어 나가는 한편, 퍼실리테이션을 도입하고 퍼실리테이터를 양성하기 시작했습니다. 협업을 잘하기 위해서는 협업을 장려하는 조직 환경, 협업을 잘할 수 있는 개인의 능력, 그리고 협업을 도와주는 기술이 필요한데, 퍼실리테이션은 이 세 가지를 모두 촉진시켜 줍니다. 협업의 핵심이 바로 퍼실리테이션입니다. 미래 성장을 위해, 이제 퍼실리테이션 능력은 리더는 물론 모든 구성원들에게 요구되는 필수 역량이 되었습니다.

그러므로 누구나 쉽게 퍼실리테이션을 배우고 활용할 수 있는 체계적인 매뉴얼이 필요합니다. 이 책의 출간이 참으로 반가운 이유입니다. 영미권 국가에서 오랫동안 퍼실리테이터 양성에 기여한 것으로 인정받고 있는 책이 마침내 우리나라에 소개되어 기쁩니다. 퍼실리테이션을 처음 접하는 일반 독자는 물론 현역 퍼실리테이터에게도 이 책은 좋은 가이드가 될 것입니다. 나아가 우리나라 퍼실리테이션의 발전과 퍼실리테이터의 경쟁력 강화에도 많은 도움이 될 것으로 기대합니다.

윤경로
(사)글로벌인재경영원장
한국퍼실리테이터협회 초대 회장

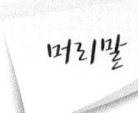

누구나 쉽게 배울 수 있는 퍼실리테이션 매뉴얼

오늘날 조직에서는 전통적인 경영 기술이 환영받지 못하고 있다. 최근까지도 조직은 관리자들이 일을 단순하게 하도록 장려해 왔다. 업무는 주로 일정한 프로젝트에서 정해진 팀과 함께 이루어졌으며, 관리에는 목표 설정, 계획 수립, 위임 및 모니터링이 포함되어 있었다.

이제 더 이상 관리자들이 기존과 같은 방식으로는 관리를 할 수 없다. 치열한 경쟁, 세계화, 수평 조직, 재택 근무, 업무 지식의 증가 등 모든 변화는 새로운 조직문화를 필요로 한다. 사람들은 한 부서에서 더 이상 고정된 팀으로 일하지 않으며, 업무는 예측 가능하거나 단순하지 않다.

많은 조직들이 관리자 및 핵심 직원들로 하여금 조직의 문제에 대처할 수 있는 새로운 기술을 습득하도록 장려함으로써 환경 변화에 대응하기 시작했다. 그 기술이 바로 퍼실리테이션이다. 퍼실리테이션 기술은 이제 관리자뿐만 아니라 비즈니스 컨설턴트와 기술 전문가에게 요구되는 필수 역량이 되었다. MIT의 피터 센지(Peter Senge)는 "오늘날 조직의 모든 사람들이 '팀'으로 일하고 있지만, 함께 일하는 방법이 익숙하지 않아 관리자들은 무엇보다 '함께 일하는' 방법을 필수적으로 배워야 한다."고 했다.

조직에서 사람들이 함께하는 시간은 금과 같다. 우리 모두는 명확하게 의사소통하고, 서로에게서 배우고, 문제에 대한 실행 가능한 해결책을 생각해 낼 수 있도록 상부상조하는 효율적인 시간 관리법을 배워야 한다.

퍼실리테이션 기술은 배우고자 하는 사람이라면 누구나 익힐 수 있다. 엔지니어, 컴퓨터 전문가, 생산 감독관, 그리고 기존 관리자들이 이 기술을 이해하여 함께 운영하는 사례가 많다. 즐겁고, 열정적이고, 목적이 있는 워크숍을 운영하는 방법을 발견하는 것은 매우 경이로운 일이다.

나의 임무는 퍼실리테이션 기술을 알리는 것이다. 이 기술은 조직 개발 컨설턴트나 비즈니스 심리학자들의 전유물이 아니다. 그래서 퍼실리테이션을 쉽게 설명하고, 누구나 접근 가능한 책을 쓰고 싶었다. 구체적인 매뉴얼과 연습할 수 있는 기회가 주어진다면 누구나 퍼실리테이션을 할 수 있다고 굳게 믿기 때문이다.

이 책은 다음과 같은 내용을 다루고 있다.

1장은 퍼실리테이션 워크숍이 무엇인지 설명하고 퍼실리테이터가 무엇을 해야 하는지를 이야기함으로써 퍼실리테이션을 소개한다.

2장은 상황을 묘사함으로써 집단의 행동 방식에 유용한 심리적 배경을 제공한다.

3, 4, 5, 6장에서는 주요 프로세스인 워크숍 계획, 실행 및 후속 조치를 자세히 설명한다.

퍼실리테이션 워크숍에서는 다양한 상황 변수들이 존재한다는 사실을 인지하며, 7장을 통해 프로그램 변경 및 외부 퍼실리테이터 활용과 같은 퍼실리테이션 워크숍을 둘러싼 여러 문제를 다룬다.

8장에서는 네 가지 실제 사례를 살펴보며 어떻게 퍼실리테이션 워크숍이 운영되는지, 그리고 각각의 사례에서 발생할 수 있는 문제점과 기대 효과는 무엇인지를 설명한다.

9장은 두 가지 특별한 워크숍 사례, 즉 최고의 팀 워크숍과 문화가 서로 다른 그룹의 워크숍을 다룬다.

10장에서는 원격지 팀이 미치는 영향과 비대면 회의를 수행하는 방법을 자세히 알아본다.

너무 바빠 책 읽을 시간이 없다면, 전체 체크리스트를 제공하는 11장을 참고하라. 이 체크리스트는 효율적인 워크숍을 진행하는 데 도움이 될 것이다.

그리고 '여기서 잠깐' 코너는 단순히 자료를 요약하기보다는 독자들이 사례를 통해 깊이 생각해 볼 수 있는 기회를 제공하고자 만든 것으로, 여기 제시된 질문에 대한 답변은 부록에서 찾아볼 수 있다.

지난 수년간 고객, 동료들과 함께한 퍼실리테이션 훈련 과정 및 워크숍 운영 경험이 없다면 이 책은 나오지 못했을 것이다. 워크숍에서 나온 질문, 피드백, 실생활의 예들이 이 책을 쓰는 데 많은 도움이 되었다.

    던컨 캐머런(Duncan Cameron)의 지속적인 지지와 통찰력 있는 논평에 감사하고 싶다. 뛰어난 안목으로 세심하게 검토해 준 루이스 오버리(Louise Overy)와 논리적인 측면에서의 실수를 지적해 준 스티브 서머스(Steve Summers)에게도 감사한다. 또한 캐롤린 코드(Caroline Coard)는 내 마음에 퍼실리테이션 씨앗을 심어 준 공로자이다.

    나는 이 책이 퍼실리테이션 입문서로서 또 퍼실리테이션 현장 가이드북으로서 유용하게 사용되기를 바라며, 많은 퍼실리테이터 독자들로부터 워크숍을 성공적으로 진행하고 있다는 이야기를 듣는다면 더없이 기쁠 것이다.

차례

한국어판에 부쳐 왜 지금 퍼실리테이션인가 • 4
추천사 퍼실리테이션, 미래 성장을 위한 우리 모두의 필수 역량 • 7
머리말 누구나 쉽게 배울 수 있는 퍼실리테이션 매뉴얼 • 9

CHAPTER 1
퍼실리테이션 소개 • 17

퍼실리테이션 워크숍이란 무엇인가? • 19
퍼실리테이터의 역할과 스타일 • 21
퍼실리테이션 워크숍으로 할 수 있는 것과 할 수 없는 것 • 26
퍼실리테이션 관점 체크리스트 • 29
워크숍의 라이프사이클 • 37
여기서 잠깐! • 38

CHAPTER 2
그룹의 심리 • 39

사회적 행동 • 41
그룹의 유형 • 45
서열 순위 • 48
그룹 규범 • 49
연대 • 50
워크숍에서의 전형적 역할 • 51
공동의 목표 • 54
여기서 잠깐! • 55

CHAPTER 3
워크숍 계획 수립

• 57

목적 명확화 • 58
참여자 선정 • 61
워크숍에 필요한 사전 조사 • 62

여기서 잠깐! • 64

워크숍 설계 • 64
기본 설계 규칙 • 67
워크숍 도구 및 기법 • 73
참여자를 위한 어젠다 공지 • 98

여기서 잠깐! • 99

CHAPTER 4
워크숍 실행하기

• 101

퍼실리테이터의 책임 • 102

여기서 잠깐! • 104

워크숍 소개 • 105
질문과 경청 • 106

여기서 잠깐! • 113

토론 관리 • 114

여기서 잠깐! • 123

워크숍 자료 수집과 활용 • 124
어려운 상황과 어려운 사람들을 다루는 것 • 126
바디랭귀지 • 139
워크숍 실행 과제와 역할 분담 • 145
주차장 활용 • 145
결정하기 • 146
워크숍 종료 • 147

여기서 잠깐! • 148

CHAPTER 5
워크숍 환경 · 149

위치 · 151
장비와 물품 · 152
자리 배치 · 153
안전사고 예방 · 156
식사와 다과 준비 · 157
휴식 시간 · 157
그룹 활동 영역 · 158
회의 중단 · 159
휴대폰 사용 · 159
펜과 종이 · 160
명패 또는 명찰 · 160
여기서 잠깐! · 161

CHAPTER 6
워크숍 후속 조치 · 163

참여자들에게 알리기 · 165
워크숍 스폰서에게 알리기 · 166
다른 관계자들에게 알리기 · 166
보고하기 · 167
워크숍 종료 후 실행 항목 다루기 · 170
문제 발생 시 대처 방법 · 170
다음 일정 예고 · 171
보고서 사례 · 172
여기서 잠깐! · 180

CHAPTER 7
워크숍 운영과 관련된 기타 문제 · 183

조직 변화 과정의 일부로 진행되는 워크숍 · 185
외부 퍼실리테이터 활용 · 188
퍼실리테이션 기술 향상 · 190

CHAPTER 8
워크숍 사례 연구 · 197

사례 1. 고객지원센터 업무 검토 워크숍 · 199
사례 2. 표준 및 절차 수립 워크숍 · 205
사례 3. 고위 관리자를 위한 IT 전략 워크숍 · 211
사례 4. 프로토타입 검토 워크숍 · 216

CHAPTER 9
특별한 워크숍 사례 · 223

특별한 워크숍 사례란 어떤 것인가? · 224
최고의 팀 워크숍 · 225
문화가 다른 참여자 워크숍 · 232
여기서 잠깐! · 244

CHAPTER 10
원격지 퍼실리테이션 · 245

원격지 팀들은 어떻게 일할까? · 246
원격지 회의의 장단점 · 250
원격지 회의 기술 및 응용 프로그램 · 252
원격지 회의 진행을 위한 팁 · 255
원격지 팀 관리자 및 구성원의 유의 사항 · 258

CHAPTER 11
퍼실리테이터를 위한 종합 체크리스트 · 261

체크리스트 1: 사전 점검 내용 · 263
체크리스트 2: 워크숍 설계 시 고려 사항 · 264
체크리스트 3: 워크숍 진행 시 고려 사항 · 265
체크리스트 4: 사후 점검 사항 · 266

부록 질문에 대한 대답 · 267
역자 후기 이 책으로 이제 누구나 퍼실리테이션 할 수 있다! · 293

CHAPTER 1

퍼실리테이션 소개

INTRODUCING FACILITATION

커뮤니티란? 목적이 분명하지 않은 일을 위해 모인
비자발적인 사람들의 모임을 말한다.

Richard Harkness

오늘날 조직에서의 회의는 좋지 못한 평판을 받고 있다. 대부분 회의는 지루하고 실망스러우며 실제 업무에 도움이 되지 않는다고 생각한다. 그럼에도 불구하고 우리는 왜 비효율적인 회의를 고집할까?

물론 효과적인 회의도 있다. 이런 회의는 짧고, 목적 지향적이며, 대개 공정하게 진행된다. 그러나 조직에서는 핵심 주체보다 더 많은 사람들이 참여해야 하는 경우가 있다. 문제는, 어떻게 하면 많은 사람들을 의사결정 과정에 참여시키고, 그들의 아이디어와 의견을 끌어 내며, 실망하거나 지루하지 않게 하면서 약속을 얻어 내는가 하는 것이다.

제1장은 퍼실리테이션 워크숍이 무엇이며, 워크숍을 통해 무엇을 달성할 수 있는지 그리고 퍼실리테이터에게 무엇을 기대하는지를

설명함으로써 이 질문에 답하고자 한다. 여러분은 자신의 퍼실리테이션 스타일을 점검할 수 있으며, 질의응답 방식으로 퍼실리테이션의 몇 가지 주요 원칙과 신념에 대해 이해할 수 있다. 이 장의 마지막 절에서는 워크숍의 프로세스를 소개하는데, 이는 이 책의 전체적인 구성을 이해하는 데 도움이 될 것이다.

퍼실리테이션 워크숍이란 무엇인가?

퍼실리테이션 워크숍은 특정 결과를 얻기 위해 그룹의 구성원들이 함께 일할 수 있도록 하는 하나의 방법이다. 퍼실리테이션 워크숍의 장점은 모든 사람이 기여할 수 있도록 권장하는 것이며 모든 사람들이 참여한다는 느낌을 갖게 하고, 실제적이고 가시적인 결과가 있다는 것이다. 이러한 종류의 워크숍은 특정 업무 문제를 해결하거나, 컴퓨터 시스템에 대한 요구 사항을 수집하고, 제품을 평가하고, 조직의 비전을 수립하며, 전략을 논의하는 등 조직의 주요 문제를 해결하는 데 사용할 수 있다. 퍼실리테이션 워크숍은 다양한 모습으로 전개될 수 있기 때문에 기본 프로세스는 동일하지만 결과는 다양하게 나올 수 있다.

이론적으로 워크숍은 참가 인원에 상관없이 운영될 수 있지만, 5명보다 적거나 15명보다 많은 경우에는 워크숍의 환경 조성과 원활한 운영을 위해 고도로 숙련된 퍼실리테이터가 필요하다. 일반적으로는 12명 내외로 구성된 그룹이 적절한 친밀함과 생동감을 유지하기 때문에 퍼실리테이션 워크숍에 이상적이다.

워크숍은 반나절에서 며칠까지 지속될 수 있다. 퍼실리테이터가 토론 도구를 잘 준비하고, 적극적이며, 숙련된 경우 반나절과 하루의 워크숍은 잘 진행된다. 이틀 이상 긴 워크숍을 성공적으로 운영하기 위해서는 고도의 퍼실리테이션 기술이 필요하다. 왜냐하면 그룹의 역동성과 집중도가 다양하고 복합적이므로 관리가 어렵기 때문이다.

퍼실리테이션 워크숍을 실행하기 위한 몇 가지 간단한 규칙과 원칙은 다음과 같다.

- 워크숍은 명확한 목적이 있어야 한다.
- 참여자들은 단순히 부서의 이익을 대변하기 위해서가 아니라 뭔가 기여할 것을 가지고 참석해야 한다.
- 워크숍은 의제와 프로세스를 미리 공지하고 실행해야 하지만, 상황에 따라 유연성 있게 운영되어야 한다.
- 워크숍은 구체적인 결과를 목표로 해야 하며, 그 결과는 왜곡되지 않고 정확하게 기록되어야 한다.
- 모든 사람이 토론에 참여해야 하며 개방성이 보장되어야 한다.
- 워크숍은 참여를 독려하기 위해 흥미롭고, 자극을 줄 수 있어야 한다.

- 참석자[1]들이 서로의 말을 경청하고, 견해를 이해하도록 격려해야 한다.
- 퍼실리테이터는 정보에 밝아야 하지만 편견이 없어야 한다.
- 워크숍은 전체 과정의 일부이며, 모든 사람들이 진행 상황을 알 수 있어야 한다.

퍼실리테이터의 역할과 스타일

워크숍에서 퍼실리테이터는 참석자 모두를 참여시킴으로써 그룹의 사람들이 합의된 목표를 달성하도록 돕는 사람이다. 퍼실리테이터의 회의 운영 방식에는 편견이 없고, 조작되지 않아야 하며, 일방적으로 진행하지 않으면서도 상황을 통제할 수 있어야 한다.

퍼실리테이터의 역할은 회의에서 의장의 역할과는 다르다. 일반적으로 의장이 진행하는 회의는 선정된 의제에 관하여 진행 상황을 점검하고 실행에 동의하는 데 중점을 둔다. 의장의 임무는 효율적으로 합의하고 구체적인 행동을 취하게 하는 것이다. 퍼실리테이터의

---

1. 참가, 참석, 참여의 의미를 "표준국어대사전"의 뜻풀이에 기대어서 보면 '참여'는 '어떤 일에 끼어들어 관계함', '참석'은 '모임이나 회의 따위의 자리에 참여함', '참가'는 '모임이나 단체 또는 일에 관계하여 들어감'의 뜻을 지닌다. 이를 보면 각각 그 의미의 초점이 다르다는 것을 알 수 있는데, '참여'는 '어떤 일에 관계하다'의 의미로 쓰여 그 일의 진행 과정에 개입해 있는 경우를 드러내는 데 반해서, '참석'은 모임이나 회의에 출석하는 것의 의미를 지니는 경우에 사용되며, '참가'는 단순한 출석의 의미가 아니라 '참여'의 단계로 들어가는 과정을 나타내는 것으로 이해하여 볼 수 있다.

역할은 흥미로운 방법으로 토론할 수 있도록 진행하고, 아이디어를 공개적으로 듣고, 그룹이 서로의 말을 경청하도록 도와주고, 이러한 것을 참고하여 의사결정을 할 수 있도록 도와주는 것이다. 결정은 정해져 있을 수 있지만, 구체적인 목표보다는 논의 과정이 중요하다.

그렇다면 퍼실리테이터의 주요 역할은 무엇인가?

- 워크숍의 명확한 목표 달성
- 워크숍의 목적에 맞는 사람이 참석하도록 권장
- 주제에 관한 사전 연구
- 참석자를 위해 안건을 준비하고 워크숍 전에 참석자에게 발송
- 토론에 참여한 사람들을 위한 워크숍 의제 준비
- 워크숍에서 활력 유지
- 논의된 내용에 근거하여 운영
- 논의하는 동안 질문하여 모순 해소
- 진행되는 내용 기록 (또는 기록하는 사람(서기)이 있는지 확인)
- 합의된 모든 내용 기록
- 운영을 위한 촉진 도구 사용
- 워크숍 이후 후속 조치 확인(제6장 참조)

모든 퍼실리테이터는 자신만의 스타일을 가지고 있다. 자신이 선호하는 스타일이 무엇인지 잠시 생각해 보자. 퍼실리테이터의 과거의

경험, 성격, 습관적 사고방식 및 그룹 상황에 대한 신뢰 수준에 따라 다르다. 대부분의 사람들은 효과적인 퍼실리테이션을 위해 자신의 스타일을 한두 가지 바꿀 필요가 있다는 것을 알게 된다.

[그림 1.1]은 자신이 선호하는 스타일을 점검하는 데 도움이 되는 세 가지 양극 척도이다. 각 척도는 맨끝에서 다른 맨끝으로 이어지는 연속선상에 표시할 수 있다. 대부분의 사람들은 중심점을 기준으로 한쪽 극단 사이 절반 정도에 위치한다.

각 스타일의 긍정적 요소(+)와 부정적 요소(-)는 긍정적 요소를 강화하고 부정적 요소를 개선할 수 있는 내용을 점검하는 데 도움이 되도록 열거되어 있다.

활동적-사색적 척도

만약 당신이 활동적인 사람이라면 사색하는 것보다는 많은 토론과 활동으로 다른 사람들과 일하고 교류하는 것을 좋아할 것이다. 활동적인 사람이 워크숍을 운영할 때는 활력이 넘치고 열정적이지만, 지나치게 말을 많이 해서 생각이나 토론을 위한 충분한 시간을 갖지 못할 위험이 있을 수 있다.

사색적인 사람이라면 행동하기보다는 성찰하는 것을 선호한다. 당신은 창의적인 사상가나 신중한 기획가일 수 있으며, 토론과 생각을 위한 충분한 시간을 가진 소수(한 명 또는 두 명)의 사람들과 일하는

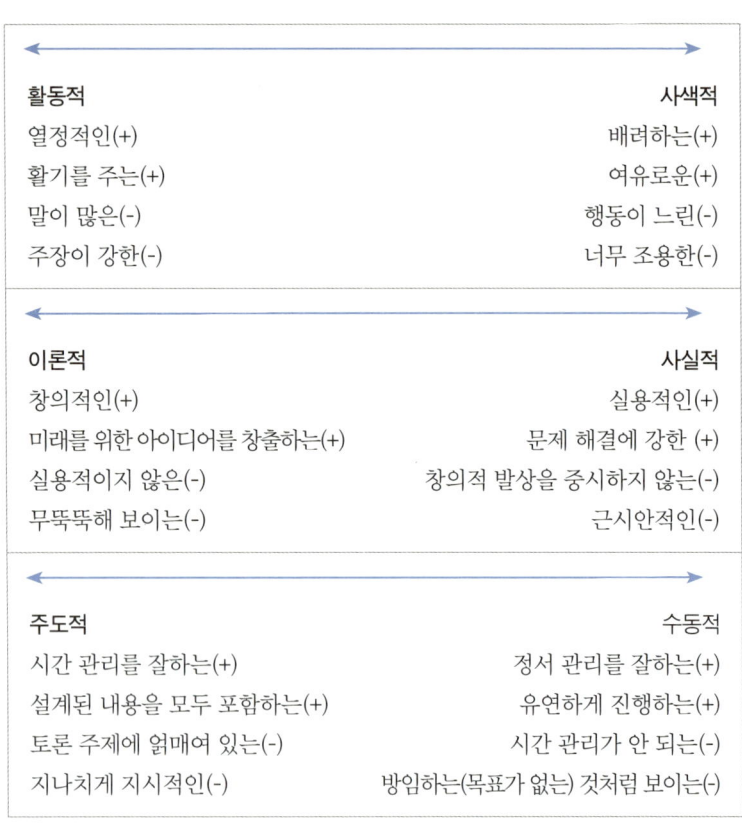

[그림 1.1] 선호하는 퍼실리테이션 스타일

것을 즐길 수 있다. 사색적인 사람이 워크숍을 운영하면 토론하고 성찰하는 시간이 많다. 그러나 토론이 너무 느리게 진행되고 진행자가 말하는 것에 응답해야 할 때 침묵 시간을 허용하기 때문에 원하는 수준의 활력을 만들지 못할 수 있다.

이론적-사실적 척도

당신이 이론에 강한 사람이라면 전체를 이해하고, 가능성을 찾으면서 미래를 지향하는 경향이 있다. 이론적 퍼실리테이터는 미래에 대한 추상적인 개념을 세우는 데는 능숙하지만, 현실의 문제를 깊이 있게 다루는 데는 부족할 수 있다.

반대로, 사실에 기반을 두는 사람들은 현재에 집중한다. 사실에 기반하는 퍼실리테이터는 상황을 분석하는 데는 능숙하지만, 아이디어의 실제 적용에 대해 회의적이고, 미래에 대한 새로운 가능성을 찾아내는 데는 부족할 수 있다.

주도적-수동적 척도

세 번째 개념은 퍼실리테이터의 주도적 또는 수동적인 행동과 관련이 있다. 이 행동은 당신이 감정적으로나 본능적으로 상황에 어떻게 반응하느냐에 달려 있다. 스트레스가 많은 상황에 직면하면 공격하거나 회피하는 두 가지 반응 중 하나가 나타나게 된다. 이는 그룹을 주도적으로 지배하려 하거나, 그룹이 일을 스스로 수행할 수 있도록 수동적으로 반응한다는 의미이다.

주도적인 퍼실리테이터들은 의제를 지시하고 진행 상황을 엄격히 관리하며, 만약 사람들이 의제에서 벗어날 경우 사람들을 통제하려 한다. 이는 워크숍이 일정대로 진행되기는 하지만 참석자들이 중요하게 생각하는 것을 다룰 수 없기 때문에 참석자들이 좌절하고 화를 낼 수 있다는 것을 의미한다. 그러므로 퍼실리테이터가 주도적으로 진행하는 워크숍에서는 새로이 제기되거나 예견되지 못한 중요한 이슈는 다루어지지 않을 가능성이 크다.

수동적 퍼실리테이터는 그룹이 원하는 대로 토론할 수 있게 하며 도전을 받으면 계획했던 일정을 포기하는 경향이 있다. 이러한 유형은 지나친 유연성으로 참석자들에게 즐거움을 줄 수는 있지만 목적 없는 워크숍처럼 보일 수 있으며 시간 낭비가 될 수 있다.

각 스타일의 설명을 읽고 이해한 후에, 자신에게 해당하는 각각의 위치를 표시해 보자. 이를 통해 자신의 스타일에 대한 장단점을 되돌아보고, 자신만의 퍼실리테이션 스타일을 개발하고자 할 때 무엇을 개선해야 하는지 도움을 받을 수 있다.

퍼실리테이션 워크숍으로 할 수 있는 것과 할 수 없는 것

퍼실리테이션 워크숍은 사람들의 적극적인 참여, 행동 규칙에 대한 약속, 주제에 대한 폭넓은 의견 교환, 아이디어 확산, 해결안 도출, 간단한 의사결정, 그리고 능률적인 팀 만들기 등에 유용하다.

반면, 퍼실리테이션 워크숍이 유용하지 않은 경우는 (다른 활동과 함께 연계되지 않는 한) 의도적인 자극, 관점 전환, 설득, 복잡한 의사결정, (집단이 아닌) 개인에 초점 맞추기, 정보 제공 혹은 행동 지시 등이다.

다음 사례들은 실제 워크숍에서 나온 것으로 전혀 도움이 되지 않았던 내용이다.

- 쓸모없는 프로그램에 대한 설명
- 사람들에게 경영의 관점을 이해시키는 것
- 기존 계획 방침이 옳다고 특정 집단을 설득하는 것
- 해외 인력 정책에 대한 복잡한 결정
- 책임 소재를 밝히는 것
- 계획의 변경 사항을 사람들에게 통보하는 것
- 고객들 앞에서 어떻게 행동해야 하는지 알리는 것

그러나 이러한 이슈를 아래와 같이 재구성할 경우 워크숍으로 해결할 수 있다.

- 쓸모없는 프로그램에 대처하는 방법
- 경영의 관점에 대하여 사람들의 피드백을 받는 것
- 특정 집단에게 계획 정책을 검토하도록 요청하기
- 해외 근무자를 둘러싼 주요 이슈에 대한 데이터 수집 및 검토

- 팀의 장단점을 파악하고 행동 계획을 수립하는 것
- 사람들에게 변경된 계획의 장단점을 고려하도록 요청하는 것
- 업무 방법을 변경하기 위해 필요한 자원과 훈련 내용을 논의하는 것

워크숍에서 계획된 결론을 위하여 조작하는 것은 절대로 피해야 한다. 퍼실리테이터가 워크숍을 조작하면 참석자들은 대부분 알게 된다. 조작된 의도는 워크숍 도중에 어딘가에서 노출될 것이고, 장기적으로는 참석자와의 관계를 손상시킬 것이다. 퍼실리테이터는 참석자들에게 사전에 결정한 것이 있다면 말해주고 이에 대해 참석자들이 의문을 제기하도록 허용해야 한다. 하지만 그럴 때 퍼실리테이터는 협의가 필수적인 과정인 것처럼 하지는 말아야 한다.

사업 계획을 수립하거나 업무 프로세스를 작성하는 등 복잡한 업무는 대규모 그룹으로 진행하기 어렵다. 복잡한 문제에 대해 타당성 있게 결정할 수 있는 인원은 최대 4명 이하이다.

12명이 넘는 대규모 그룹은 감정을 파악하고 선호하는 아이디어나 해결책을 확인하는 데만 기여할 수 있다. 대규모 그룹이 복잡한 업무에 대한 의사결정에 동의하도록 하는 것은 시간 낭비이다.

퍼실리테이션 관점 체크리스트

아래의 질문은 퍼실리테이션에 대한 당신의 생각을 점검하는 데 도움이 될 것이다. 질문지를 작성한 다음 필자의 답변과 비교해 보자.

다음 문장을 차례로 읽고, 내용에 동의하면 참, 동의하지 않으면 거짓에 표시하라.

내 용	참	거짓
1. 워크숍을 진행하는 것은 회의를 주재하는 것과 같다.		
2. 발표하기를 좋아하지 않으면 쉽게 할 수 없다.		
3. 워크숍에 참석자들이 참여하지 않는다면, 그것은 참석자들의 문제이다.		
4. 워크숍에 참여하지 않는 사람에게 참여하지 않는 이유를 직접 질문해서 참여하게 해야 한다.		
5. 퍼실리테이터의 의견은 중요하지 않다.		
6. 안건은 분명하지 않을수록 좋다.		
7. 퍼실리테이터는 워크숍이 계획된 시간대로 운영되는지 확인해야 한다.		
8. 콘텐츠 전문가에게 워크숍 중에 가장 많은 시간을 할애해야 한다.		
9. 퍼실리테이터는 한 사람이 말할 때 다른 모든 사람이 침묵하는지 확인해야 한다		
10. 워크숍 이후 후속 조치는 퍼실리테이터와는 상관이 없다.		
11. 의제를 미리 공유하는 것보다 워크숍에서 나눠주는 것이 좋다.		

12. 퍼실리테이터는 경청하고 질문하는 것을 잘해야 한다.		
13. 퍼실리테이터는 편견이 없어야 한다.		
14. 퍼실리테이터가 주제 영역에 대해 거의 알지 못해도 괜찮다.		
15. 워크숍은 비즈니스 가치를 창출하지 못하고 말만 무성한 것이다.		

이제 필자의 답변을 참고해 보자.

1. 워크숍을 진행하는 것은 회의를 주재하는 것과 같다. [거짓]

회의를 주재하는 것은 정해진 안건을 논의하고 결정이 되도록 하는 것을 말한다. 퍼실리테이션은 많은 촉진, 관여 및 유연성을 필요로 한다. 의장은 통제하고 중재하는 반면, 퍼실리테이터는 촉진하고 안내하는 역할을 한다. 퍼실리테이션 워크숍은 무엇이 중요하고 전체적인 구조 내에서 어느 정도의 유연성을 갖도록 설계되어야 하는가에 대한 그룹의 생각을 표현하는 데 훨씬 효과가 있다.

2. 발표하기를 좋아하지 않으면 쉽게 할 수 없다. [거짓]

사람들은 퍼실리테이션이 프레젠테이션과 같다고 잘못 알고 있다. 사람들이 회의에서 생각하고 기여하게 하는 가장 좋은 방법은 그들에게 토론할 명확한 문제를 주는 것이다. 발표는 재미있을 수 있지만, 참석자들은 수동적인 자세를 유지할 수 있다. 좋은 퍼실리테이션의 비결은 그룹을 건설적인 행동을 하도록 촉진하는 것인데, 이것은 최소한의 발표 능력만으로도 가능하다. 물론 참석자 앞에서 편안하게 발표한다면 도움이 되지만 이것은 전체의 일부일 뿐이다.

3. 워크숍에 참석자들이 참여하지 않는다면, 그것은 참석자들의 문제이다. [거짓]

퍼실리테이터의 일은 모든 사람이 참여하도록 하는 것이다. 만약 사람들이 참여하지 않는다면, 특별한 이유가 있기 때문이다. 나는 관리자로부터 직원들이 공식석상에서 문제를 제기하지 않는다는 불평을 자주 듣는다. 비록 직원들이 관심이 있고, 자기 의견이 있더라도 직원들은 여전히 말을 꺼내지 않을 수도 있다. 왜냐하면 편안하게 의견을 제시했다가 불이익을 경험한 적이 있기 때문이다. 그래서 관리자는 더 적극적인 경청을 통해 보다 개방적인 환경을 조성하는 방법 또는 익명으로 아이디어를 평가하는 방법을 워크숍에 도입할 필요가 있다.

4. 워크숍에 참여하지 않는 사람에게 참여하지 않는 이유를 직접 질문해서 참여하게 해야 한다. [거짓]

참여하지 않는 사람들은 이유가 있다. 그 이유는 수줍음, 주제에 대한 지식 부족, 상사들 앞에서의 초조함, 짜증, 분노 또는 무관심 때문일 수 있다. 그 이유가 정당한지 아닌지를 판단하는 것은 퍼실리테이터가 할 일이 아니다. 모든 사람들이 참여하도록 하는 것이 퍼실리테이터의 일이다. 사람들 앞에서 의견을 제시하는 것이 어색해서 수줍어하는 사람들은 작은 그룹을 이용하여 특정 주제에 대해 토론하게 함으로써 참여시킬 수 있다. 갈등과 분노는 휴식 시간에 개별적으로 다루어져야 한다. 많은 사람 앞에서 직접적으로 질문을 하는 것은 원래의 문제를 확대시키기만 할 뿐이다.

5. 퍼실리테이터의 의견은 중요하지 않다. [참]

퍼실리테이터는 논의되는 것에 의문을 제기하고, 모순을 해소하고, 논의된 것이 모든 사람에게 분명하게 전달되고 있음을 확인해야 한다. 퍼실리테이터는 주제에 대해 자신의 의견을 말하는 것을 자제해야 한다. 왜냐하면 퍼실리테이터가 논의에 참여하는 경우 퍼실리테이터의 의견이 토론에 영향을 끼치고 워크숍을 왜곡시킬 수도 있기 때문이다. 그러나 관련 지식을 활용하여 지금까지 논의된 내용에 대해 새로운 관점을 제공할 수는 있다.

6. 안건은 분명하지 않을수록 좋다. [부분적으로 참]

의제는 광범위하거나 협소하지 않아야 한다. 너무 광범위한 의제는 목적이 없어 보이고 참석자들에게 좌절감을 줄 수 있는 반면, 너무 협소한 의제는 참석자들에게 미처 발견하지 못한 중요한 문제에 대해 토론할 기회를 주지 않을 수도 있다.

7. 퍼실리테이터는 워크숍이 계획된 시간대로 운영되는지 확인해야 한다. [참]

워크숍은 계획된 시간을 초과하여 계속해서 진행하는 것을 자제해야 한다. 다음 일정을 가지고 있는 참석자들에게는 난처한 상황일 것이다. 이것은 쉽고 편한 (무엇이든 원하는 것을 토론하는 것이 괜찮다고 믿는) 환경에서 워크숍을 진행하는 퍼실리테이터들에게 나타나는 흔한 오류이다. 이러한 문제를 해결하기 위해서는 소요되는 시간에 맞춘 포괄적인 접근 방법이 필요하다. 그렇다고 5분, 10분 또는 15분 단위로 토론 시간을 세부적으로 구성하여 토론을 지나치게 통제하려는 유혹은 경계해야 한다. 이를 극복하기 위해서 워크숍을 30분 단위로 유연하게 계획하는 것이 좋다. 처음에는 어려워 보일 수도 있지만, 경험이 생기면 더 편안해질 것이다. 다만 초보 퍼실리테이터들은 워크숍 진행의 편안함을 위해 20분 단위로 구성하는 것이 좋다.

8. 콘텐츠 전문가에게 워크숍 중에 가장 많은 시간을 할애해야 한다. [거짓]

콘텐츠 전문가들이 참석하는 것은 도움이 될 수도 있지만, 그들이 목소리가 매우 크다면 통제하는 것이 필요할 수도 있다. 워크숍의 목적은 어떤 한 사람이 토론을 지배하게 하기 보다는 모든 사람의 의견을 얻는 것이다. 콘텐츠 전문가들은 참여자들이 모두 발언한 후에 자신의 의견을 덧붙임으로써 워크숍에 기여할 수 있다.

9. 퍼실리테이터는 한 사람이 말할 때 다른 모든 사람이 침묵하는지 확인해야 한다. [참]

워크숍에서 참여자들이 개인적인 대화를 시작하면 분위기를 통제하기 어려워진다. 이것은 참여자들이 주제에 관심이 있다는 것을 나타내는 좋은 징조일 수도 있지만, 퍼실리테이터는 참여자가 말하는 동안 다른 참여자들이 침묵하고 경청할 수 있는 분위기를 조성해야 한다. 15명 이상의 그룹은 발언과 경청 모두를 조절할 수 있는 숙련된 퍼실리테이터가 있어야 한다. 퍼실리테이터가 아이들을 대하듯 참석자를 대하는 것은 피해야 한다. 워크숍이 시작될 때 그룹이 동의한 토의 규칙에 따라 문제를 미리 해결함으로써 성숙하게 참석자들을 대해야 한다.

10. 워크숍 이후 후속 조치는 퍼실리테이터와는 무관하다. [거짓]

일반적으로 워크숍이 퍼실리테이션 전체 과정의 일부라는 것을 퍼실리테이터는 알고 있어야 한다. 이 과정에는 참여자들에게 워크숍 이후에 진행될 사항을 알려주고, 워크숍 결과를 참여하지 않는 다른 구성원에게도 어떻게 진행되었는지에 대한 요약된 보고서를 제공해야 한다. 워크숍에서 결정된 안건은, 실행되는 것은 물론 실행되지 못하는 것까지도 명확한 이유와 함께 참여자들에게 전달되어야 한다. 만약 이러한 전달이 이루어지지 않는다면 참여자들은 아마도 그 워크숍의 결과에 대한 어떠한 후속 조치도 취하지 않았고, 직접적인 검토도 거의 없었다고 생각할 것이다. 이것은 워크숍의 의미를 축소하게 할 것이고 냉소주의로 이어질 수 있다. 비록 이것이 퍼실리테이터의 책임으로 이어지지 않는다 하더라도, 워크숍 결과에 대한 후속 조치의 전달은 반드시 이루어져야 하며, 스폰서에게도 후속 조치의 중요성을 설명해야 한다.

11. 의제를 미리 공유하는 것보다 워크숍에서 나눠주는 것이 좋다. [거짓]

워크숍을 진행하기로 결정했다면, 미리 준비하여 대비해야 한다. 워크숍 전에 참여자들이 의제를 미리 검토하여 건설적으로 참여할 수 있도록 해야 한다. 참석자들이 명확한 의제를 받는다면, 그들은 주제에 대해 미리 생각할 수 있다. 그렇지 않다면 준비 없이 워크숍에 참여하게 될 것이다.

12. 퍼실리테이터는 경청하고 질문하는 것을 잘해야 한다. [참]

퍼실리테이션에서 경청하고 질문하는 기술은 발표 능력보다 훨씬 더 중요하다. 퍼실리테이터는 집단의 역동성을 높여, 최고의 아이디어를 발굴하고 최선의 해결책을 모색할 수 있어야 한다. 이것은 예리한 질문과 적극적인 경청을 통해서만 가능하다.

13. 퍼실리테이터는 편견이 없어야 한다. [참]

퍼실리테이터는 그룹의 의견을 수집하고 토론을 장려해야 한다. 편견 없는 접근이 필수적이다. 만약 퍼실리테이터가 편견을 가지고 있다면, 참여자들은 그 편견에 영향을 받아 이미 결정이 내려졌다고 생각하기 때문에 참여자들은 자신의 반응을 숨기거나 참여를 보류

할 수도 있다. 퍼실리테이터가 확고한 생각을 가지고 있다면 그것을 증명하기 위해 참여자들에게 먼저 논의하게 하고 그것을 검증받고 싶어 할 것이다. 그러나 퍼실리테이터는 편파적이지 않은 방식으로 워크숍을 진행해야 한다. 만약 퍼실리테이터가 의사결정을 먼저 한 후에 워크숍에 들어간다면 그것은 참여자들에게 의미 없는 행동이 될 것이고, 퍼실리테이터에게는 실망스러운 사례를 안겨줄 것이다.

14. 퍼실리테이터가 주제 영역에 대해 거의 알지 못해도 괜찮다. [거짓]

퍼실리테이터는 워크숍의 가치를 높이기 위하여 토론 중인 영역의 일부 측면이라도 잘 알고 있어야 한다. 만약 단순히 중재하고 플립차트에 의사결정 내용을 기록하기만 한다면 워크숍의 가치를 제대로 찾아낼 수 없다. 그렇기 때문에 퍼실리테이터는 참여자들의 언어를 빠르게 이해하고, 주제 영역에 대해 무엇을 말하고 있는지에 대해 의문을 가질 수 있어야 한다.

15. 워크숍은 비즈니스의 가치를 창출하지 못하고 말만 무성한 것이다. [참 그리고 거짓]

유감스럽게도, 그래서는 안 되지만, 이것은 사실일 수도 있다. 워크숍이 나쁜 평판을 받고 있는 것은 좋지 못한 계획, 개방적인 논의의 부족, 잘못된 의사결정, 부실한 워크숍 결과 보고, 형편없는 후속 조치, 그리고 이해관계자들의 견해를 진지하게 받아들이지 못했기 때문이다.

이해관계자들의 견해를 진지하게 받아들이지 않는 것은 워크숍이 실패하는 가장 일반적인 이유 중 하나이다. 게리 하멜(Gary Hamel)[2]은 산업의 미래에 대한 다른 방식을 찾아내기 위해 조직의 구조를 근본적으로 개선하고자 한다면 고위 경영자들은 더 많은 직원의 말을 듣는 법을 배워야 한다고 조언했다.

워크숍의 라이프사이클

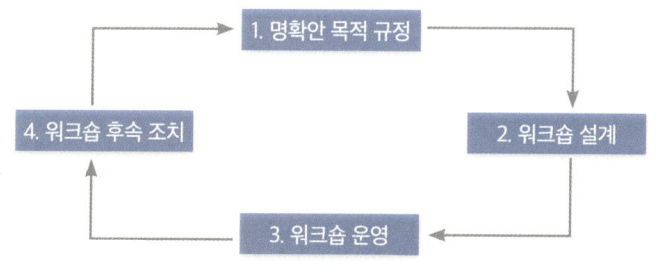

[그림 1.2] 워크숍 라이프사이클

[그림 1.2]에 설명된 워크숍의 라이프사이클은 워크숍의 중요한 단계를 강조한다. 사람들은 워크숍을 기획하고 운영하는 데 집중하는 경향이 있지만, 종종 워크숍의 목적을 정의하거나 후속 조치를 취하

---

2. 런던 비즈니스 스쿨의 전략 및 국제 경영 객원 교수

는 것을 잊어버린다. 퍼실리테이터는 워크숍 라이프사이클에 대해 정의된 4단계 중 어느 단계에서든 문제가 발생할 수 있으며 워크숍의 라이프사이클을 중심으로 세심하게 주의를 기울일 필요가 있다는 것을 알아야 한다.

워크숍 라이프사이클의 4단계는 다음 장에서 자세히 논의한다.

여기서 잠깐!

제1장을 돌아보고 이해하는 데 도움이 될 수 있는 몇 가지 질문이 있다. 만약 여러분이 활동적인 스타일의 사람이라면, 이 부분을 건너뛰고 다음 장으로 넘어가게 될 수도 있으니 주의하라.

Question 1

당신은 D전기통신사의 내부 컨설턴트이다. 운영 책임자는 '이야기합시다'라는 명칭의, 기술자들을 위한 워크숍을 운영해 달라고 요청했다. 현재는 기술자들이 서로 대화하지 않고 개선점을 모색하려고 하지 않는 심각한 상황이다. 이에 대해 어떻게 대응하겠는가?

Question 2

당신은 조직의 차세대 경영 정보 시스템 요구 사항에 대한 워크숍에 방금 참석했다. 외부 퍼실리테이터는 매우 활발하게 진행했고 시스템의 활용 방안에 대해 많은 제안을 했다. 토론에는 한두 명의 참석자들만이 참여했는데, 그들은 퍼실리테이터의 제안에 이의를 제기했고, 조직 내에서 그들이 실제 무슨 일을 하는지 퍼실리테이터가 제대로 파악하지 못했다는 것을 알게 되었다. 워크숍에서 대부분의 참석자는 전혀 관여하지 못했고, 결과물은 단순하게 퍼실리테이터가 작성한 목록 중에서 반영한 리스트였다.

무엇이 문제인가? 비슷한 주제로 다뤄질 다음 워크숍을 위해 어떻게 상황을 개선하겠는가?

CHAPTER **2**

그룹의 심리

THE PSYCHOLOGY
OF GROUPS

　사람들은 큰 규모의 워크숍에 참여할 때, 개인적인 대화 또는 소그룹에서와 같이 행동하지 않는다. 퍼실리테이터가 그룹의 고유한 특성을 이해하면 워크숍을 성공적으로 운영할 수 있는 가능성이 커진다.

　만약 여러분이 반나절짜리 짧은 워크숍을 진행한다면, 아마도 여러분은 그룹 심리에 대한 초보 수준의 이해만으로도 그럭저럭 해낼 수 있을 것이다. 그러나 이틀 이상의 워크숍을 진행한다면, 그룹의 심리와 프로세스가 작동하기 시작하여 워크숍에 영향을 미치기 시작한다. 따라서 워크숍을 진행할 때 그룹 행동의 이면에 있는 이유를 이해하고 주의해야 할 사항을 파악할 필요가 있다. 이 장에서는 워크숍에서 그룹 행동의 차이를 어떻게 다루어야 하는지에 대한 유용한 아이디어를 소개한다.

사회적 행동

인간은 사회적 동물이다. 우리는 다양한 개인적 관계와 복잡한 연대의 네트워크를 구축함으로써 문제를 해결하거나 변화에 적응하고 있다. 이러한 사회적 관계 중 일부는 개인적인 일대일 관계이고, 나머지는 그룹 관계이다. 인간은 선천적으로 사회적 욕구를 가지고 있는데, 이것은 우리가 개인의 정체성을 개발하려고 노력하면서도, 동시에 그룹의 구성원이 되기를 원한다는 의미이다.

이러한 소속감의 필요성은 그룹 상황에서 특정 유형의 행동으로 나타난다. 혼자 있을 때 혹은 가까운 친구와 있을 때 당신의 행동에 대하여 생각해 보라. 그리고 이것을 다양한 그룹 상황에서의 행동과 비교하라. 어떤 차이가 있는가? 일반적인 차이점은 다음과 같다.

- 친구와 있을 때는 신발을 벗을지도 모르지만, 회사에서는 절대 벗지 않을 것이다.
- 아무도 보는 사람이 없을 때 음식을 훨씬 빨리 먹고, 격식을 차리지 않지만, 남들 앞에서는 그렇지 않을 것이다.
- 친한 친구와 함께 있을 때 타인에 대한 비난을 거리낌없이 할 수 있지만, 상급자 앞에서라면 조심할 것이다.
- 부담스러운 이슈에 관해서는 먼저 이야기하지 않는다. 다른 사람들이 어떤 생각을 하는지 지켜본 후 이야기할 것이다.

- 팀 멤버들이 내가 동의하지 않는 아이디어를 지지했다면, 불편한 관계를 만들지 않기 위해 침묵할 것이다.
- 이슈를 위해 의견을 적극적으로 냈지만, 팀 내 사람들 중 상당수가 동의하지 않는다면 양보할 것이다.

위의 목록에서 확인된 처음 두 사례는 본질적으로는 아주 사소한 것이다. 그러나 마지막 세 가지 사례는 그룹 상황에서 참여자들이 자기개방을 하지 않고 표현이 솔직하지 않은 것을 보여준다. 따라서 퍼실리테이터가 효과적으로 워크숍을 진행하려면 그룹 행동의 이러한 측면을 이해하는 것이 매우 필요하다.

위에서 설명한 바와 같이, 워크숍에서 그룹 상황은 개방성과 정직성의 문제에 직면할 수 있다. 이런 결과는 어떤 그룹에서든 일어나지만, 지위가 다른 사람들이 함께 할 때 특히 두드러지게 나타난다.

1951년에 수행된 솔로몬 아쉬(Solomon Asch)의 실험은 이 점을 잘 보여준다. 그는 나머지 구성원들이 다른 의견을 갖고 있을 때, 자신의 의견을 고수하는 것이 얼마나 어려운지 그리고 그룹 구성원들의 지위가 결과에 어떤 차이를 가져오는지 관심이 있었다.

아쉬는 순응적인 행동을 연구하는 실험을 기획했다. 그는 일곱 개의 주제로 그룹을 구성했다. 각 그룹에는 오직 한 명의 순수한 참여자가 있었고, 나머지 여섯 명은 아쉬의 실험을 위해 사전에 교육받은 사람으로 구성되었다. 실험은 1개의 끈을 샘플로 제공하고, 길이가 다른

4개의 끈 중 1개의 끈과 길이가 같은 것을 선택하도록 하였다. 사전에 교육받은 사람들에게는 제시된 끈과 다른 끈을 선택하도록 하였다.

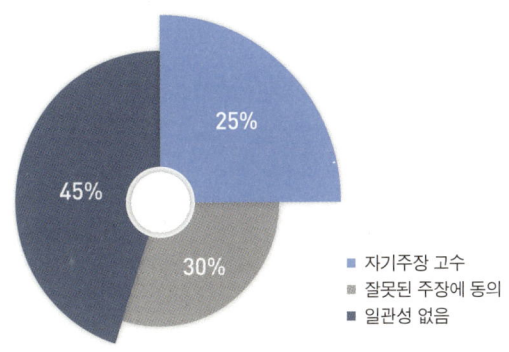

[그림2.1] 의사결정 동조 현상

이 실험은 여러 차례 반복해서 진행되었다. 그룹 내 다른 사람들의 주장을 들을 때, 순수 참여자들 중 25%만이 자신의 주장을 일관되게 고수했다. 30%는 그룹의 잘못된 주장에 동의했고, 45%는 자신의 주장을 고수하는 것과 그룹의 주장에 동조하는 것 사이에서 일관성을 보이지 않았다. 순응성 실험 결과는 순수 참여자가 스스로를 그룹의 나머지 구성원보다 낮은 지위에 있다고 생각했을 때 더 순응성이 높은 것으로 나타났다.

퍼실리테이터는 참석자 일부가 그룹의 관점, 특히 관리자와 고위 관리자의 주장에 동조하라는 압박을 느낀다는 것을 알아야 하지만, 퍼실리테이터가 이러한 상황을 알아차리기는 쉽지 않다. 최근 '퍼실리테이션 스킬 워크숍'에서 어떤 관리자는 우리에게 자신이 참가한 문제해결 워크숍에 대한 이야기를 들려주었다.

"새로운 조직변화를 위해 워크숍을 준비하게 되었습니다. 그 때 참여 예정인 하위 직원들 중 2명이 조직변화에 대한 몇 가지 이슈에 대하여 큰 불만이 있음을 알게 되었고, 저는 그것이 잘 해결될 수 있도록 워크숍을 준비했습니다. 하지만 워크숍을 진행하는 동안 고위 관리자들이 조직변화에 대해 적극적으로 주장하자, 직원들은 모두 이에 동조했고, 저는 깜짝 놀랐습니다. 과연, 그들의 마음이 바뀌었을까요? 물론 그렇지 않았습니다. 2명 모두 두 달 후에 퇴사했습니다. 그들은 기회가 있었는데 왜 목소리를 내지 않았을까요?"

왜 이렇게 되었을까? 앞에서 말한 아쉬의 실험은 우리에게 해답을 준다. 그룹 상황에 순응해야 한다는 압박감이 있고, 그룹 내에서 지위가 낮다고 느끼는 경우 이런 압박감을 더 절실하게 느낀다. 그래서 하위 직원들은 압박감으로 인하여 개인적으로 전혀 다른 의견을 가지면서도 고위 관리자들의 주장에 동조하게 된다.

그렇다면 이러한 워크숍에서 퍼실리테이터는 어떻게 문제를 해결할 수 있을까? 만약 당신이 팀의 관리자라면 매우 민감한 이슈를 다룰 때 조심해야 할 것이다. 당신은 다음에 요약된 아이디어를 활용하거나, 외부 전문 퍼실리테이터에게 의뢰할 수 있을 것이다.

워크숍에서 딱딱한 분위기를 깨고 편안한 분위기를 만들기 위한 첫 번째 방법은, 시작할 때 참석자들이 자신을 소개할 기회를 갖도록 하는 것이다. 이는 누구나 훨씬 더 편안한 느낌을 갖도록 하는 데 도움이 되며, 누가 참여했는지 명확히 알 수 있도록 한다.

만약 워크숍에서 해결해야 할 어려운 문제로 고위 관리자들이 참석하고 있다면, 그들은 자기주장을 양보할 가능성이 없다는 것을 알아야 한다. 이런 상황은 조직의 고위 관리자들이 많은 권한을 갖고 있고, 공적인 장소에서는 반대 주장이 제기되지 않는 문화가 존재하는지 여부에 따라 달라진다. 이러한 어려움을 피하려면 익명 제안 기법과 비밀 투표 기법을 사용해야 한다. 익명 제안 기법은 참석자들에게 자신의 이슈를 적어달라고 요청하고, 익명으로 퍼실리테이터에게 제출하도록 하는 것이다. 이 활동은 워크숍을 하기 전 혹은 진행하는 중에 사용될 수 있다. 비밀 투표 기법은 다양한 이슈의 중요성이나 긴급성에 대하여 참석자들의 표를 투명하게 모으는 것이다. 이 기법은 제3장에 기술되어 있다.

그룹의 유형

퍼실리테이션 워크숍은 그룹이 함께 생각하고 토론하며 상호작용을 하도록 하는 것을 포함한다. 특정한 그룹 유형의 상황에서 사람들은 어떻게 행동하는가? 다음 세 가지 유형의 그룹을 살펴본다면, 퍼실리테이션 워크숍에서 참석자들의 행동을 더 잘 이해할 수 있다.

첫 번째 그룹은 가족이다. 가족 그룹은 우리 삶에서 가장 중요하고 관계 형성에 영향을 주는 그룹이다. 가족 그룹에서 우리는 받아들일 수 있는 행동양식을 배우고, 남들이 받아들이는 행동양식을 따라야 보상을 받을 수 있음을 배운다. 예를 들어, 음식을 '예의 바르게' 먹는 아이는 추가로 아이스크림을 더 먹을 수 있다. 가족 그룹에서 우리는 그룹 내 역할 수행의 첫 경험을 얻는다. 아이들은 '엄마'나 '아빠' 역할 놀이를 통해 여러 가지 가족 역할의 의미를 알게 된다. 우리가 역할을 맡아 수행한다는 관점에서 볼 때, 가족 그룹의 경험을 통해 나중에 부여받는 성인 그룹에서의 소속감을 준비하게 된다.

두 번째 그룹은 업무 조직이다. 업무 그룹은 사회생활에서 매우 중요하다. 업무 그룹은 지속적이고 체계적인 그룹으로 생계를 유지하는 데 도움을 주고, 신분이나 사회적 지위를 규정하기도 한다. 사적인 관계의 지인들처럼 업무 그룹의 관리자들도 매우 중요한 인물이다. 이 사람들은 그룹의 행동양식을 확립하고, 무엇이 받아들여지고 무엇이 받아들여지지 않는지에 영향을 미치며, 구성원 간의 서열을 정하는 기준을 만든다.

세 번째 그룹은 느슨한 관계의 네트워크이다. 이 그룹의 사람들은 프로젝트에서 또 다른 프로젝트로 빠르게 이동하면서 고정적인 업무 그룹에 속하지 않고, 임시적인 특별한 목적의 관계를 형성한다.

나는 독립 컨설턴트로 일하는 많은 사람들을 만나는데, 이 사람들은 함께 일하지 않는 느슨한 네트워크를 구축하기에 업무 그룹이라 말할 수 없다. 따라서 요즘 시대에는 혼자 또는 단기간의 작업이 많기 때문에 느슨한 네트워크는 더 확장되고 있다.

일은 혼자 하는 상황이 많아 고립되기 쉽지만, 사회적 동물인 우리는 여전히 그룹이라는 도움과 따뜻한 자극을 필요로 한다. 이는 사람들이 그룹으로 만날 때 성공의 잠재력이 커질 수 있다는 것을 의미한다. 혼자 일하는 사람들은 그룹과 어울리고 타협하는 데 익숙하지 않을 수 있기 때문에, 독립 컨설턴트가 참여하는 워크숍은 잠재적으로는 자아들이 부딪치는 싸움터가 될 수 있다. 지켜야 하는 기본 규칙, 다양한 활동이 포함된 퍼실리테이션은 이런 갈등을 해결하는 데 도움이 될 것이다.

특정 목적을 달성하기 위해 제한된 시간 동안 함께하는 느슨한 네트워크 그룹은 일반인이 소속되는 보편적인 그룹이다. 연수 그룹, 프로젝트 그룹, 퍼실리테이션 워크숍 그룹이 이 그룹의 유형으로 분류된다.

느슨한 네트워크 그룹이 함께 하는 시간이 길어질수록, 그룹 규범, 업무 배분, 고정 역할 등이 늘어나 위에서 언급한 업무 그룹과 유사해진다. 3~4명으로 구성된 소규모 그룹이 수평적 관계로 구성된다면 상대적으로 주도권 싸움에서 자유로울 수 있다. 그러나 5명 이상의 워크숍 그룹이라면 업무 그룹 특성을 띠게 되고, 내부적 서열 관계를 정하기 시작할 것이다. 기존의 업무 그룹 동료들로 구성된 워크숍은 원래의 업무 그룹이 정한 규칙에 따라 운영될 것이다. 하루이틀 사이에 이런 규칙이 바뀔 수 있을 것이라 기대하지 말라.

서열 순위

우리는 사회적 동물이므로 사회적 지위는 매우 중요하다. '서열 순위(peck order)'라는 표현은 닭이 다른 닭을 공격해 서열을 정하고, 먼저 주도권을 차지하는 것에서 유래되었다. 마찬가지로 5인 이상의 그룹은 어떤 형태로든 서열 순위를 정하고 싶어 한다. 질서가 잡힌 조직은 이미 서열을 정리했을 것이므로 주도권 경쟁이 두드러지지 않는다. 관계가 수평적인 그룹에서는 서열 순위 문제가 발생할 가능성이 적다.

그러나 하루 이상 진행되는 워크숍에 있어 서열 순위의 문제가 발생할 수 있다. 그룹 내 서열 순위는 경험 수준, 조직 내 지위, 지식, 논쟁의 능숙함, 제스처 등에 좌우되는 경우가 많다. 그렇기 때문에 참여자들이 서열 순위를 정하는 대신 창의적이고 건설적으로 생각하기를 바란다면 워크숍에서 자기소개를 통해 참여자의 정보를 공개함으로써 참여자들이 편안한 분위기를 느낄 수 있도록 유도하는 것이 좋다.

그룹 규범

그룹 규범은 그룹에서 허용되는 행동 방식을 말한다. 이는 사회에서 일반적으로 받아들여지는 행동 유형을 가족 그룹에서 배우면서 알게 된다. 그 예로는 좋은 식사 예절을 갖거나, 거리에 쓰레기를 버리지 않도록 하거나, '실례합니다' 혹은 '고맙습니다'라는 말을 하게 하는 것이다.

업무 그룹에는 허용되는 것과 허용되지 않는 것을 규정하는 그룹 규범이 있다. 예를 들어 어떤 업무 그룹은 비속어 사용에 관대하지만, 다른 업무 그룹은 그렇지 않다. 어떤 업무 그룹은 고성과자를 지지하지만, 다른 업무 그룹은 그것을 중요하게 생각하지 않을 수 있다. 어떤 업무 그룹은 상호 협의하지만, 다른 업무 그룹은 무엇을 해야 하는지 위로부터 지시받는다. 기존 업무 그룹의 구성원이 참여하는 워크숍은 해당 그룹의 규범을 따르는 경향이 있다. 리더가 참석하지 않으면 새로운 규범을 만들 가능성이 높아진다. 예를 들어 업무 그룹이 의문을 갖지 않고 기존 규범을 수용한다면, 퍼실리테이터는 워크숍을 할 때 규범에 대하여 의문을 가지라고 하거나, 새로운 규범을 만들도록 허용하고 격려해야 한다.

예를 들어 고위 관리자와 기술직 직원들이 혼재된 그룹에서, 기술직 직원은 이미 고위 관리자 앞에서 무슨 말이 허용되고 무슨 말이 허용되지 않는지를 알고 있을 것이다. 마찬가지로 고위 관리자는 기술직 직원 앞에서 어떻게 행동해야 하는지 고정관념을 갖고 있을 것이다.

일반적인 워크숍에서는 퍼실리테이터가 개방적이고 솔직하라고 아무리 격려하더라도 기술직 직원이 고위직 관리자를 향해 강력한 견해를 가지고, 공개 토론에서 불편해 하지 않고, 고위 관리자 앞에서 자신의 견해를 말하기는 쉽지 않을 것이다. 이를 해결할 방법으로 참석자들이 자유롭게 아이디어를 제안할 수 있도록 익명 제안 기법을 사용하는 것이다.

서로를 잘 모르는, 수평적인 관계에 있는 퍼실리테이션 워크숍에서는 워크숍만의 규범을 만들 수 있다. 퍼실리테이터는 워크숍을 시작할 때 솔직하게 의견 말하기, 발언 시간 제한하기 등과 같은 워크숍 기본 규칙을 설정하도록 격려해야 한다. 퍼실리테이터는 워크숍 참여자들이 추가하거나 수정할 수 있는 기본 규칙 목록을 제안함으로써 이 과정을 신속히 처리할 수 있다. (가능한 목록은 제4장 참조)

연대

우리는 사람에 가까운 영장류인 침팬지를 통해 적어도 한두 가지를 배울 수 있다. 침팬지들은 하루 중 최소 20%의 시간을 서로 털 고르기를 하는 데 사용한다. 왜 이렇게 귀중한 시간을 낭비하는가? 인류학자의 관찰에 따르면, 침팬지들은 최근 털 고르기를 한 파트너를 자신의 그룹에 포함시킴으로써 연대를 강화한다고 한다. 마찬가지로 개인은 외부의 큰 규모의 그룹 또는 영향력이 있는 사람과 갈등이 발생할 경우를 대비하기 위해 연대를 형성하려 한다. 이것은 외부의 그룹, 사람에 대한 위험에 만반의 준비를 하는 안전 대책으로 자주 사용된다.

워크숍 상황에서 사람들은 삼삼오오 연대를 형성하기 시작하거나 혹은 이미 잘 형성되어 있을 수 있다. 두 사람이 계속해서 호흡을 맞추며 대화를 하거나 함께 웃거나 다리를 꼬고 가까이 앉아 있을 때(139쪽 바디랭귀지 참조), 퍼실리테이터는 연대가 형성되고 있음을 알 수 있다. 또 다른 모습은 같은 견해를 표시하고 서로를 지지하는 것이다. 자기들끼리 쑥덕거려 다른 참석자를 방해하거나 2명 혹은 3명이 비협조적인 태도를 취할 때 문제가 발생한다. 퍼실리테이터는 다음 방법으로 이 문제를 해결할 수 있다.

- 워크숍을 시작할 때 참석자들을 섞어서 앉게 한다.
- 다음 워크숍 활동을 원활하게 하기 위해 자리를 자주 바꾼다.

워크숍에서의 전형적 역할

하루 이상의 퍼실리테이션 워크숍에서는 참석자들의 다음과 같은 전형적인 역할을 관찰할 수 있다.

- 리더(leader) 역할 : 그룹 참석자 중 한 명이 리더로 부상할 수 있다. 퍼실리테이터는 이 역할을 존중해야 한다. 만약 이 리더가 상호 논의적인 스타일이라면 아무런 문제가 없을 것이지만, 지배적인 스타일이라면 참석자 다수는 실제는 동의하지 않더라도 암묵적으로 리더의 의견을 지지하는 반응을 보일 것이다. 이런 경우 비밀 투표법을 사용하라.

- 반대자(adversary) 역할 : 워크숍 내내 적대적 분위기로 남아 있는 그룹 참석자가 있는 경우가 많다. 그는 기회 있을 때마다 악마의 옹호자(devil's advocate)로 행동하며 워크숍에서 제기된 특정 이슈 혹은 워크숍 전반에 관해 반대할 수 있다. 만약 워크숍이 구체적인 목표를 가지고 체계적으로 진행된다면 반대자는 자연스럽게 따라 오거나, 혹은 다른 참석자들에 의해 통제될 것이다. 만약 그렇지 않다면, 퍼실리테이터는 관련이 없거나 중복적인 논쟁을 줄이기 위해 반대자와 개인적 대화를 해야 하고, 참여자 간에 발언 시간이 공평하게 배분되어야 함을 이해시켜야 할 것이다.

- 조정자(harmonizer) 역할 : 그룹의 누군가는 문제가 된 부분을 조정하는 역할을 담당하게 될 것이다. 이 역할은 참여자들이 관련이 없고

주제에서 벗어난 이슈를 처리할 때는 편안하고 조화로운 분위기를 조성할 수 있다. 그러나 논쟁이 필요한 상황에서는 이 역할이 논의를 흐리게 할 수 있다. 반대 의견이 주장되는 동안 조정자가 뒤로 물러나도록 하여, 두 가지 의견이 '동일하다'거나 또는 '문제가 결국 해결될 거야'라고 말하지 못하도록 해야 한다.

- 익살꾼(joker) 역할 : 시간이 지나면서 익살꾼이 등장할 수 있는데 이들은 워크숍 중간중간에 농담을 던진다. 이것은 재치 있는 유머가 될 수도 있고 자기 비하적인 농담이 될 수도 있다. 어느 쪽이든 적당하면 괜찮다. 퍼실리테이터는 익살꾼도 주제에 몰입하고 논의에 참여하도록 해야 한다. 그렇지 않으면 익살꾼은 워크숍의 흐름을 깰 수 있다. 만약 워크숍 참여자들이 농담이 재미있다고 생각하는 경우, 워크숍의 흐름이 바뀔 수 있기 때문에 익살꾼이 전체를 장악하지 않도록 조심해야 한다.

- 방관자(outlier) 역할 : 방관자는 많은 워크숍에서 볼 수 있다. 그는 다른 의견을 갖는 것부터 시작한다. 그는 또한 다른 워크숍 참석자들과 다르게 생각하고, 다르게 행동한다. 만약 방관자가 워크숍 주제에 관심이 없고, 참여하지 않는다면 워크숍이 진행될수록 방관자는 점점 더 고립될 수 있다. 이러한 행동은 아마도 이 사람에게는 평생의 습관일 것이다. 따라서 퍼실리테이터는 방관자가 참여하고 있는

지에 대해 지나치게 신경 쓰지 말아야 한다. 부드러운 설득으로 워크숍의 진행 방식에 대한 몇 가지 탐색적인 질문을 하는 것이 좋다. 하지만 조심하라! 방관자는 적극적으로 참여하지 않으면서 퍼실리테이터의 노력을 과도하게 낭비하는 특징이 있기 때문이다.

공동의 목표

업무 그룹이 건설적인 분위기로 함께 일하려면 공동의 목표가 필요하다. 퍼실리테이션 워크숍에서 목표가 명확하지 않다면 그룹의 응집력이 공동의 적에 초점을 맞출 것이다. 조심하라. 그 공격의 대상이 퍼실리테이터 당신일 수도 있다!

응집력이 높을수록 참여자들은 자신의 결함을 찾기보다는 문제점에 대하여 외부 이해관계자를 비난할 수 있다. 이를 근본적으로 예방하기 위해 공동의 목표가 필요하다. 이 목표는 그룹의 문제 해결 프로세스에 영향을 줄 수 있다. 따라서 퍼실리테이터는 그룹을 위해 매우 명확한 공동의 목표를 설정해야 하며 워크숍 내내 그 목표에 집중해야 한다.

여기서 잠깐!

Question 1
당신은 엔지니어 그룹을 위한 반나절 워크숍을 진행해야 한다. 생산성 향상을 위해 수립된 최근의 계획이 실패한 것을 논의하는 워크숍이다. 사장이 참석하고 싶어 하지만, 당신은 사장이 지배적인 스타일이라는 것을 알고 있다. 이 워크숍이 잘 운영되도록 설계할 수 있을까? 만약 그렇다면 어떻게 설계해야 하는가? 만약 그렇지 않다면 무엇이 문제인가?

Question 2
홍보부장이 사보의 품질을 평가하고 개선에 대한 아이디어를 수집하기 위하여 1일 워크숍을 진행해 달라고 요청했다. 이 워크숍에는 책임 수준이나 직무가 다양한 모든 직원이 참석할 것이다. 대부분의 참석자는 본사 혹은 지사에서 일한다. 회사 문화는 협조적이지만 대개의 경우는 이메일로 처리한다. 이러한 조직 구조가 갖는 잠재적인 장점과 단점은 무엇인가? 어떻게 하면 성과를 극대화할 수 있을까?

FACILITATION
made easy

CHAPTER **3**

워크숍
계획 수립

PLANNING A
FACILITATED
WORKSHOP

생각하지 않고 말하는 것은 조준하지 않고 쏘는 것과 같다.
스페인 속담

워크숍에서 계획은 필수적이다. 계획은 워크숍 전에 목적과 설계를 분명히 하되, 너무 자세하거나 융통성이 없어서는 안 된다. 만약 퍼실리테이터가 계획을 세우지 않는다면, 참석자들은 목적이 없는 워크숍이라는 느낌을 받을 것이며, 더 심각한 것은 한두 명의 주도적인 참석자가 개인적인 안건을 다루기 위해 워크숍을 장악할 수도 있다.

목적 명확화

워크숍의 목적은 문장으로 적어야 한다. 그 이유는 첫째, 효과적인 워크숍을 설계하기 위해서, 둘째, 참석자들을 워크숍에 몰입하게 하기 위해서, 셋째, 이해관계자들을 워크숍에 참여시키고 올바른 정보가 수집될 수 있도록 하기 위해서이다. 그러므로 퍼실리테이터는 워크숍의 목적을 글로 적어 워크숍 의뢰자와 합의할 필요가 있다.

퍼실리테이터는 워크숍을 운영하기 전에 목적을 충분히 이해해야 한다. 만약 워크숍의 주제가 의뢰받은 것이라면, 설계하기 전에 철저히 점검할 필요가 있다. 워크숍을 의뢰자 없이 퍼실리테이터가 주최하는 것이라 할지라도, 참여자들이 어떻게 기여하기를 원하는지 그리고 자신이 무엇을 원하는지를 분명히 할 필요가 있다.

퍼실리테이터는 종종 워크숍을 의뢰받는다. 워크숍의 의뢰자는 워크숍의 목적에 대한 구체적인 생각을 가지고 있는 조직의 관리자일 수 있다. 워크숍에 참석하는 사람이 누구인지, 참여자들이 무엇을 기여할 것인지, 소요 시간, 진행에 필요한 사전 조사, 워크숍의 결과가 어떻게 될 것인지 등을 퍼실리테이터는 의뢰자와 함께 논의해야 한다.

퍼실리테이터는 상황에 따라서 경험으로 알고 있는 것을 제시해 줄 수도 있다. 이와 같은 경우에도 퍼실리테이터는 워크숍 의뢰자에게 필요한 내용을 명확히 확인하여야 한다.

워크숍의 목적은 모든 참석자들이 이해할 수 있도록 한두 문장으로 간략하게 적어야 한다. 예를 들면 다음과 같다.

이 워크숍은 조직 내에서 일부 고객의 문제를 해결하기 위해 설계되었다.

이 목적은 참석자들이 적절히 준비하기에는 내용이 명확하지 않다. 어떤 이슈인지, 어떤 고객을 대상으로 하는지, 어떻게 이슈를 다룰 것인지에 대한 의문을 남긴다. 그러나 아래에 작성된 워크숍 목적은 모두 명확하고 구체적이다.

이 워크숍은 최근에 3명의 중요한 고객들로부터 받은 피드백에 초점을 맞추고 있다. 피드백을 검토하고 우리가 취해야 할 조치가 무엇인지에 대해 토론할 것이다.

이 워크숍은 참석자들이 사내 컴퓨터 지원팀이 제공하는 서비스에 대한 개선안을 제시할 수 있도록 하기 위한 것이다.

다음의 체크리스트는 워크숍의 목적을 점검하는 데 도움이 될 것이다. 모든 질문에 '예'라고 대답할 수 있어야 한다.

- 각 참석자가 워크숍에 참여해야 하는 충분한 이유가 있는가?
- 각 참여자가 어떤 기여를 할 것이라고 예상하고 있는가?
- 참여자들이 무엇을 기대하는지 알고 있는가?
- 워크숍에서 나온 결과가 어떻게 도출될지 알고 있는가?
- 참여자들이 워크숍에서 결정을 내려야 하는가? 그렇다면 이러한 결정은 어떠한 절차로 이루어져야 하는가?

- 예상되는 결과가 무엇인지 아는가? (결정, 선호도, 주요 이슈 목록, 문제 해결 제안, 창의적인 아이디어)
- 논의 중인 주제에 대해 잘 알고 있는가? (그렇지 않다면, 워크숍 전에 이 문제를 해결해야 한다.)
- 참여자들이 논의 중인 주제에 대해 충분한 정보를 가지고 있는가? (그렇지 않다면, 워크숍 전에 또는 워크숍이 진행되는 동안에 다룰 수 있다.)
- 워크숍 진행에 필요한 물리적 도구(예를 들면 빔프로젝터, 플립차트 등)를 확인했는가?
- 워크숍에서 발생할 수 있는 돌발 상황을 어떻게 처리해야 하는지 아는가?

참여자 선정

워크숍의 목적이 분명하다면 누구를 참여시킬 것인지 분명해진다. 워크숍의 인원은 5명 이상, 12명 미만으로 선정해야 한다. 이 인원은 활발한 토론을 할 수 있을 만큼 충분한 인원이지만, 일부 참여자들의 의견을 제대로 듣지 못할 수도 있다.

참여자 선정의 바람직한 기준은 다음과 같다.

- 관련 분야에 경험이 많은 사람

- 권한이 있는 사람
- 혁신적인 생각을 하는 사람
- 아이디어가 효과가 있을지 여부를 판단할 수 있는 사람
- 조직 밖(외부)의 관련 상황에 대해 잘 알고 있는 사람
- 조직 내부의 관련 상황에 대해 잘 알고 있는 사람
- 이슈 혹은 관계에 영향을 미칠 수 있는 사람
- 이슈에 대해 새로운 견해를 가지고 있는 사람

다음과 같이 참여자를 선정하는 것은 바람직하지 않다

- 인원수만 채우기
- 부서의 대표로 형식적으로 참석시키기
- 의례적으로 참석시키기
- 불이익을 피하기 위해 참석시키기
- 기여할 것이 없는데도 연관성을 느끼게 할 목적으로 참석시키기

워크숍에 필요한 사전 조사

주제에 대한 구체적인 지식 없이 워크숍을 진행하는 것은 전문적이지 못하다. 단순한 보조나 서기의 역할이 아닌, 철저한 주제 연구를

통해 워크숍을 효과적으로 진행할 수 있어야 한다. 또한 워크숍이 시작되기 전이나 워크숍 중에 참여자가 적절한 정보를 들을 수 있도록 해야 한다.

이에 대한 예로, 고객을 대상으로 설문조사를 실시하고 그 결과를 논의하기 위한 워크숍이 있다. 이 경우는 참여자에게 설문조사 결과를 사전에 제공하거나, 워크숍에서 알려주거나, 고객을 직접 초청하여 자신의 의견을 말할 수 있도록 요청해야 한다.

또 다른 예로는 새로운 기술 솔루션을 개발하기 위해 기술자가 아닌 직원을 초대하여 조직의 향후 비즈니스 요구사항이 무엇인지 토론하는 것이다. 이러한 직원의 참여로 새로운 관점의 정보를 얻는데 도움이 될 수 있다. 이것을 위해 다음의 방법들을 사용할 수 있다.

- 사전에 문서화된 정보 공유
- 공급업체에 제품 시연 요청
- 현황을 파악하기 위하여 장비를 사용하고 있는 현장 방문

그 밖의 주제와 관련해서도 퍼실리테이터는 다양한 데이터가 워크숍 진행에 도움이 되는지 고려할 필요가 있다. 여기에는 최근 수행한 설문조사나 연구가 포함될 수 있다. 퍼실리테이터는 참여자가 이 분야에서 다른 조직들이 무엇을 하는지 알 수 있도록 모든 데이터를

제공해야 한다.

> **여기서 잠깐!**

Question 1
아래의 세 가지 워크숍의 목적 중 어느 것이 명확하다고 생각하는가?
- 이번 워크숍은 우리의 전략적 사고를 명확하게 하기 위한 것이다.
- 평가 제도를 개선하기 위한 워크숍을 운영하는 것이다.
- 업그레이드하기로 결정한 회계 시스템이 있다. 이 워크숍은 새로운 회계 시스템에 필요한 요구사항을 찾아내기 위한 것이다.

Question 2
F사 판매 매니저는 국내와 해외의 매출 증가를 위한 아이디어를 도출하는 워크숍을 운영하고 싶어 한다. 그는 주로 매장 직원들을 워크숍에 참여하게 하고, 매니저들을 배제하고 싶어 한다. 이것은 합리적인 전략인가?

Question 3
물류회사의 부서별 성과 정보를 기록하고 관리하는 컴퓨터 시스템이 있다. 당신은 이 시스템에 필요한 조건을 수집하기 위한 워크숍을 요청받았다. 당신은 물류산업이나 관리정보시스템에 대한 지식이 거의 없다. 어떻게 대응하겠는가?

워크숍 설계

명확한 목적을 가지고, 누가 참석하는지 알고, 이슈를 파악했으니 이제 워크숍을 설계할 수 있다. 워크숍 성공을 위해 설계는 필수적이다.

설계는 이슈가 어떻게, 어떤 순서로 다루어질지에 대한 계획이다. 시간을 갖고 워크숍을 설계한 다음, 워크숍 1주일 전에 모든 참석자에게 워크숍 설계를 요약한 목록을 배포해야 한다. 워크숍 설계가 포함된 세부 사항 전부를 참석자에게 제공할 필요는 없다.

워크숍을 어떻게 구조화해야 하는가?

워크숍은 교육 과정처럼 면밀히 계획할 필요는 없지만, 즉흥적으로 토론할 만큼 개방적이고 자유로운 것도 아니다. 교육 과정에서는 사람들이 특정한 것을 배우도록 도와주기 위해 미리 범위를 정한다면, 워크숍에서는 사람들이 건설적이고 긍정적인 방식으로 기여할 수 있도록 적합한 환경, 분위기, 기회를 만들어 주어야 한다. 퍼실리테이터는 미리 정해진 영역에서 참여자들에게 무엇이 중요한지 고민할 필요가 있다. 유용한 척도가 [그림 3.1]에 나와 있다.

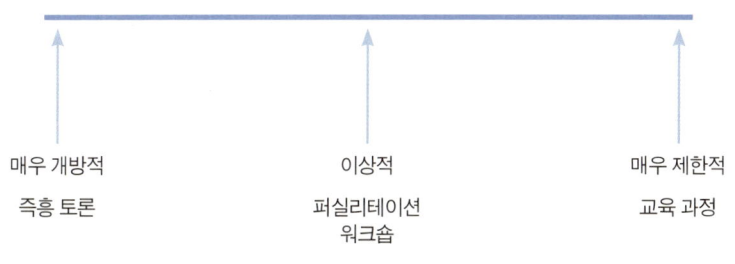

[그림 3.1] 워크숍 구조 척도

퍼실리테이터가 워크숍을 제대로 설계하지 않고, 참여자들의 의견을 단순 기록하는 것으로 진행한다면 다음과 같은 문제가 발생할 수 있다.

- 토론이 주제 범위를 벗어나거나 같은 내용이 반복될 수 있다.
- 참여자들이 불편해하고 워크숍이 제대로 진행되지 않는다고 느낄 수도 있다.
- 다양성이 부족한 워크숍은 참여자들이 흥미를 잃을 수 있다.
- 핵심 사안을 충분히 다룰 시간이 부족할 수 있다.

반면, 퍼실리테이터가 사전에 계획한 대로만 진행하는 경우 다음과 같은 문제점이 있다.

- 진행 속도가 너무 빨라 실질적으로 도움이 되는 논의가 나올 수 없다.
- 참여자들이 다른 문제를 제기하지 못하고, 준비된 질문 목록에 끌려가서 지치게 된다.
- 관련성이 없거나, 중복되는 질문을 건너뛰지 못한다.
- 예기치 못한 중요한 주제들이 누락될 수 있다.

이상적인 구조는 개방적인 것과 제한적인 것 양극단 사이에 있다.

이상적인 구조는 엄선한 오프닝 질문과, 과제에 대한 아이디어를 이끌어 내고 기록하기 위한 특정 토론 도구의 사용으로 구성될 것이다. 충분한 토론이 시작되지 않을 경우를 대비하여 추가적으로 질문을 준비해야 한다.

기본 설계 규칙

워크숍을 설계하기 전에 고려해야 할 기본 규칙이 있다. 이 규칙은 참여자들의 기여도를 최대화하는 데 도움을 줄 것이다.

- 참여자들에게 워크숍 진행 중 변경 사항을 미리 알려주어 편안함을 제공해야 한다: 퍼실리테이션을 진행하다 보면 변경이 필요한 경우가 있다. 예를 들면 참여자의 에너지와 체력이 떨어질 때 퍼실리테이터는 휴식 시간을 늘리거나, 자리를 바꾸도록 설계를 변경할 수 있다. 이 경우 전체 설계 구조는 유지하되, 설계 요소 변경 시 참여자들의 편안함을 위해 바뀐 내용을 미리 알려야 한다.

- 사람들이 집중할 수 있도록 하기 위해서는 적절한 휴식을 제공해야 한다: 따라서 커피, 점심 등 휴식 시간을 별도로 계획해야 한다. 또는 사람들이 언제든지 다과를 먹거나, 화장실에 갈 수 있게 할 수도 있

다. 후자의 경우라면 참여자들에게 미리 말해야 한다. 그렇지 않으면 참여자들은 휴식을 기다려야 한다고 생각할 것이고, 이것은 불편한 결과를 가져올 수 있다.

- 15분에서 30분 간격으로 활동을 바꿔 사람들을 더 오랫동안 집중시켜야 한다: 활동 변화는 사람들의 집중력을 유지하는 데 도움을 준다. 이것은 신체적 활동 또는 정신적 활동 대상을 변화시키는 것을 포함할 수 있다.

- 간단한 것부터 시작해서 복잡한 것으로 옮겨가야 한다: 사람들을 단계적으로 복잡한 이슈로 유도해야 한다. 이해가 빠른 한두 명의 참여자보다는 평범한 모든 사람이 속도를 내는 것이 더 도움이 된다.

- 개괄적인 것부터 시작하고, 세부적인 부분으로 나눠야 한다: 큰 그림과 구성 요소 모두를 파악한다면 우리는 쉽게 이해할 수 있다. 예를 들어, 조직 커뮤니케이션 문제에 대한 워크숍은 참여자들에게 다음과 같이 두 문장을 완성하도록 요청하는 것으로 시작할 수 있다.

  예) 조직 내의 커뮤니케이션은 _____이다.
  예) 조직 내의 커뮤니케이션은 _____일 것이다.

  이것은 큰 그림을 다룬다. 다음 단계는 회사의 모든 회의, 부서 간

커뮤니케이션, 이메일, 메모, 전화, 휴게실에서의 대화, 소문 등 조직 커뮤니케이션의 다양한 요소를 살펴보는 것이다.

- 안전한 주제로 시작해서 갈등이나 비판이 있을 수 있는 핫이슈로 옮겨가야 한다: 만약 여러분의 팀이 강한 비판을 받을 만한 핫이슈를 가지고 있다면 바로 그 주제로 시작하지 말라. 모든 사람들이 안전함을 느낄 수 있는 팀의 강점과 같은 문제로 워밍업을 하라.

- 지배적인 구성원들의 견해로부터 참여자들의 의견을 보호해야 한다: 공개된 다수결 투표를 요청 받았을 때 사람들은 가장 지배적인 구성원들의 견해에 흔들릴 것이다. 하지만 비밀 투표로 진행한다면 이야기는 매우 달라진다. 관리자와 직원들은 그렇지 않다고 주장하지만 필자의 경험과 발표된 연구의 증거들은 이것이 사실임을 보여준다. 자세한 내용은 제2장을 참조하라. 이것은 매우 중요하게 다루어져야 하며, 비밀 투표 기법을 사용하여 극복해야 한다. 이 부분은 나중에 다시 다룰 것이다.

일반적인 워크숍 순서

모든 워크숍은 다음과 같은 기본적인 단계를 거친다.

1단계 환영과 소개

퍼실리테이터는 참석자를 환영하며, 모든 사람들이 서로를 알게 하는 간단한 도입 과정을 통해 사람들을 편안하게 한다. 워크숍의 목적이 명확하면 참석자들은 목적에 대해 질문할 수 있는 기회를 얻는다. 워크숍의 진행 순서를 공유하고, 기본 규칙에 합의한다.

2단계 주제에 초점 맞추기

퍼실리테이터는 참여자들이 최적의 환경에서 워크숍 주제에 집중할 수 있는 질문 또는 활동으로 시작한다. 예를 들어, 구체적인 문제를 다루는 워크숍은 모든 참여자들에게 어떻게 문제를 생각하고 있는지 또는 그 문제가 어떤 영향을 주었는지 기록하게 하는 것으로 시작할 수 있다. 이것은 참여자들이 주제에 대한 부담을 덜어 내고 워크숍에 집중할 수 있게 해준다.

3단계 구체적인 주제로 들어가기

구체적인 주제 세션은 다양한 각도에서 관련 주제를 다루거나, 주제와 관련해서 정보의 차이로 발생할 수 있는 내용을 토론하는 데 이용되어야 한다. 예를 들어 프로젝트 관리 방식을 개선하기 위한 워크숍은 다음과 같은 구체적인 주제로 나눌 수 있다.

- 업무 관리

- 팀 관리
- 고객 관리

4단계 결론 및 의사결정 요약 정리하기

특정 주제 세션에서 결정된 결론은 최종적으로 점검하고, 추가된 의견은 반영되어야 한다. 그리고 그 결정과 결론을 기록으로 남겨야 한다.

5단계 마무리 및 후속 단계

퍼실리테이터는 모든 참여자에게 감사를 표하고, 워크숍 후에 진행될 사항에 대하여 명확하게 설명하고 워크숍을 마무리 지어야 한다.

다양한 워크숍 활동

폭넓게 다양한 활동을 계획해야 한다. 많은 참석자를 대상으로 한 워크숍에서는 일반적인 질문과 답변 형식을 사용할 수 있지만, 다양하고 활동적인 프로그램보다는 효과적이지 않다. 다만, 의미 없는 활동으로 가득 찬 워크숍은 지양되어야 한다. 적절한 자극과 의미 없는 활동의 차이를 명확하게 할 필요가 있다.

워크숍의 활동을 변화시키기 위해 다음과 같은 몇 가지 기법을 사용할 수 있다.

- 대규모 집단을 대상으로 한 브레인스토밍 하기
- 소그룹으로 나누기
- 소그룹에게 특정 사안에 대해 논의한 내용을 발표하도록 요청하기
- 사람들에게 긍정적이든 부정적이든 자신의 경험을 생각해 보도록 하기
- 토론을 시작하기 위해 인용구를 사용하기

  예) 마음이 모여서 마을이 된다.
- 다양한 의견의 장단점을 살펴보기
- 포스트잇을 사용하여 의견 끌어내기
- 참석자에게 문장을 완성하도록 요청하기

  예) 이 부서의 핵심 강점은 _____이다.
- 카드에 기록된 의견에 대하여 우선순위 결정하기
- 퀴즈를 이용하여 사람들의 생각을 자극하기
- 사례 연구를 통해 주요 이슈 거론하기
- 다양한 대안에 대해 투표하기

도구 및 기법에 대한 자세한 설명은 다음을 참조하라.

워크숍 도구 및 기법

워크숍에서 다양한 활동, 관심과 참여 유지, 독창성을 장려하기 위해 토론의 구조를 제공하는 검증된 도구가 여러 개 있다. 이 기법은 아래에서 설명하는 네 가지 그룹으로 나눌 수 있다.

도입 기법

워크숍의 도입은 전체 세션에 대한 분위기를 나타내기 때문에 매우 중요하다. 참석자들은 퍼실리테이터의 능력을 세심히 살피고, 분위기를 따르는 경향이 있을 것이다. 이것은 도입이 긍정적이며 목적이 있고, 활동적이어야 한다는 것을 의미한다. 또한 참석자들이 참여하려는 마음가짐이 있어야 한다.

 아래의 도입 기법은 참석자들이 워크숍의 주제에 집중하기 시작하고, 긴장을 풀고, 편안하게 서로를 알 수 있도록 하기 위한 것이다. 또한 퍼실리테이터는 참석자들이 누구인지, 그들의 기대치가 무엇인지에 대한 정보를 갖고 싶을 것이다. 도입 기법은 모든 사람이 참여하도록 하는 유용한 기능을 제공한다. 만약 도입 기법이 제대로 이루어지지 않으면, 소극적인 사람 중 일부는 워크숍에 참여할 기회를 갖지 못할 것이고, 퍼실리테이터도 효과적인 워크숍을 진행하기 어려울 것이다.

워크숍은 참석자들이 편안함을 느낄 수 있는 분위기에서 시작해야 한다. 이때 참석자들에게 막연히 '자기소개를 해주세요.'라고 하면 시간이 늘어질 수 있다. 소개 내용을 간단하고 요점 있게 만들고, 그룹을 돌면서 참석자에게 후속 질문을 하나씩 하도록 하는 점을 강조하라. 이렇게 하면 참석자가 대화형 모드로 전환되어 서로의 이야기를 잘 들을 수 있다.

소개를 창의적으로 하는 방법을 연구하라. 다음 목록에서 몇 가지 아이디어를 얻을 수 있다

- 당신의 이름, 역할, 그리고 당신의 조직에 대해 좋은 점 두 가지를 말해 주세요.
- 당신이 누군지 말해주고, 이 조직에서 일하는 즐거움 두 가지를 말해 주세요.
- 왼쪽에 있는 사람을 소개하고, 그 사람이 왜 여기 있다고 생각하는지 말해 주세요. (그들이 서로 즐겁게 하기 위해서는 5분 정도 생각할 시간을 주어야 할 것이다.)
- 오늘 이 워크숍에서 당신은 어떤 역할을 하실 건가요?
- 워크숍 종료 시, 무엇을 얻고 싶은지(어떤 결과를 원하는지) 말해 주세요.
- 당신이 누구이고 왜 여기 참여하고 있는지 말해 주세요.
 '내 이름은… 그리고 내가 참석한 이유는…'

- 당신의 이름과 같은 자음으로 시작하는 형용사를 이용하여 이 프로젝트에 대한 당신의 현재 마음 상태를 설명하세요. 예를 들어, 유연한 윤정, 성실한 성태, 상상력이 풍부한 상훈, 열정적인 영숙.

토론 진행자

토론 진행자는 참석자들이 폭넓은 범위의 주제로 아이디어를 낼 수 있도록 해야 한다. 진행자는 한정된 범위가 아닌 폭넓은 주제로 논의할 수 있게 해야 한다.

포스트잇

참여자들에게 포스트잇을 사용하여 세 가지 문장을 완성하도록 요청한다. 예를 들어, 이 제품의 중요한 특징 세 가지를 쓰게 한다. (한 장에 하나의 문장) 참여자들은 완성된 포스트잇을 플립차트에 붙이고, 퍼실리테이터는 그룹 전체를 위해 내용을 공유한다. 참여자는 추가 설명과 함께 의견을 낼 수 있다. 제출된 아이디어들은 이후 추가 토론의 근거로 사용될 수도 있고, 단순히 주제에 대한 전체적인 견해를 표현할 수도 있다. 제출된 아이디어는 워크숍에서 수시로 언급해야 한다.

개인 메모

각각의 참여자에게 자신의 경험이나 관심사를 5분 동안 생각하게 하라. 예를 들어 이 5분은 특정 제품이나 서비스에 대한 세 가지 좋은 (또는 나쁜) 경험 또는 토론 중인 주제에 대한 개인적인 세 가지 중요 이슈를 표현하는 데 사용할 수 있다.

5분이 지났을 때 퍼실리테이터는 플립차트에 참여자들의 아이디어를 최소한 하나씩 받아 적는다. 이는 추가 토론을 위한 기초로 사용할 수 있으며, 워크숍의 후반부로 연결시킬 수도 있다.

2인 1조로 아이디어 내기

개인들에게 옆 사람과 2인 1조로 함께 아이디어를 내도록 요청하라. 이것은 내부 서비스 부서의 장단점 목록일 수도 있고, 워크숍에서 다루고자 하는 이슈들의 목록이 될 수도 있다. 목록이 완성되면, 퍼실리테이터는 플립차트에 각 조의 아이디어를 최소한 한 개 이상씩은 받아 적어야 한다. 그런 다음 이를 추가 논의를 위한 기준으로 사용하거나, 워크숍 후반부로 연결시킬 수 있다.

설문지 작성

워크숍의 초기 집중도를 높이기 위해 설문지를 사용할 수 있다. 아래의 설문지는 토론을 자극하는 좋은 예이다. 참석자가 한 가지 응답(예, 아니요 또는 모름)을 선택할 수 있도록 간단한 10문항 설문지를 작성해 나눠주고, 사람들에게 익명으로 기입해 달라고 요청한 다음 의견을 확인한다. 대답을 모으는 방법은 설문지를 섞어서 참석자들에게 다시 건네준 다음 각각의 질문에 대해 손을 들어달라고 요청하는 것이다. 이렇게 하면 익명성을 유지하면서 각 질문에 대한 응답수를 빠르게 파악할 수 있다. [그림 3.2]는 컴퓨터 서비스 보고 워크숍을 열기 위해 사용한 샘플 설문지이다.

익명의 응답은 일반적으로 그룹 앞에서 공개적으로 이루어지는 응답보다 정직하다. 그 이유는 제2장을 참조하라. 설문지의 응답은 드러나지 않는 의견들을 표면화 시킬 수 있기 때문에 토론의 출발점이 된다. 설문지를 통해 수집된 데이터는 워크숍에 참석한 사람들의 의견에 대한 좋은 자료가 된다.

No.	질문 내용	예	아니요	모름
1	우리 센터는 전화를 빨리 받는다.			
2	센터에서 제공한 기술적 조언은 유용하다.			
3	우리는 고객에게 충분한 정보를 제공하고 있다.			
4	우리 센터의 서비스는 친절하다.			
5	우리는 고객의 긴급한 문제를 항상 신속하게 해결해 준다.			
6	프로그램 수정결과는 사용자에게 바로 반영이 된다.			
7	우리는 새 소프트웨어가 설치되면 사용법을 바로 알고 적용한다.			
8	우리 센터는 장기적인 개선을 위한 직원들의 생각을 진지하게 받아들인다.			
9	우리 센터의 서비스는 점점 좋아지고 있다.			
10	우리 센터의 서비스에 대해 대체적으로 만족한다.			

[그림 3.2] 오프닝 설문지 예

구조화된 토론 도구

구조화된 도구는 토론을 유도하고, 기여도를 높이며, 의견을 기록하는 데 매우 유용하다.

브레인스토밍

잘 알려진 이 기법은 토론을 위한 아이디어를 생성하는 데 유용하다. 브레인스토밍은 적어도 5명의 사람들이 함께할 때 효과적이다. 사람들은 자유롭고 편안해야 하고, 플립차트와 펜을 준비해야 한다.

　퍼실리테이터는 브레인스토밍에 대한 주제를 명확하게 설정하고, 워크숍에서 아이디어를 평가하는 것이 아니라 아이디어를 창출하는 것으로, 모든 아이디어가 수용 가능함을 설명해야 한다. 브레인스토밍의 규칙은 참여자에게 전달되어야 한다.

- 한사람씩 돌아가면서 아이디어를 낸다.
- 아이디어는 평가하거나, 분류하거나, 설명하지 않고, 퍼실리테이터에 의해 플립차트에 기록된다.
- 아이디어가 없는 사람은 '통과'라고 말한다.
- 이런 방법으로 15분 동안 아이디어를 모은다.
- 대부분의 사람들이 '통과'라고 말하면, 퍼실리테이터는 최종 아이디어를 받은 다음 브레인스토밍을 종료한다.
- 퍼실리테이터는 도출된 아이디어에 대해 토론을 시작한다.

퍼실리테이터는 브레인스토밍을 통해 참여자가 더 많은 아이디어를 낼 수 있도록 해야 한다. 기존 아이디어를 토대로 추가하거나, 이미 말한 것에서 벗어나 새로운 아이디어를 내도록 권장해야 한다. 브레인스토밍이 끝나면, 퍼실리테이터는 각 항목을 다시 살펴보면서 참여자들이 구체적으로 토론할 수 있게 해야 한다. 이 과정은 매우 중요하므로, 어떤 경우에도 빠뜨려서는 안 된다.

퍼실리테이터는 다음과 같은 브레인스토밍의 오류에 주의해야 한다.

- 아이디어가 나올 때 평가하는 것 (이것은 아이디어의 흐름을 막는다.)
- 관여를 너무 많이 하는 것 (이것은 아이디어의 흐름을 막는다.)
- 아이디어를 평가하는 것 ('이미 그런 아이디어가 나왔다'), 다시 말하지만, 이것은 흐름을 막는다.
- 브레인스토밍을 너무 빨리 종료하는 것, 정확하게 말하면 아이디어를 밀어 붙이는 것 ('내 생각엔 이게 다인 것 같은데…')
- 브레인스토밍을 사용하여 생각이나 창의력이 필요 없는 분명한 아이디어를 도출하는 것

브레인스토밍 기법은 다음과 같은 주제에 효과적이다.
- 제품 개선을 위해 아이디어를 창출하는 것
- 신제품이나 서비스에 대한 아이디어를 얻는 것

- 실행 가능한 모든 행동을 나열하거나 찾아내는 것

[그림 3.3]은 전기 수리 회사의 서비스 엔지니어 팀이 작성한 브레인스토밍 목록의 예이다. 이 목록은 유용한 제안으로 요약되었고, 서비스의 혁신적인 개선으로 이어졌다.

우리의 서비스를 더 좋게 만드는 방법

낮은 비용(가성비)	정리, 정돈
밝은 표정	공기청정기 설치
빠른 응대	꽃 장식
사은품	무료 전원 공급
예비용품 준비	다양한 볼거리
유연한 대응	시설에 대한 신속한 지원
와이파이 제공	가격표 부착
직원의 전문성	다양한 결제 수단
고객 니즈 파악을 위한 질문	음료 제공
피드백 양식 비치	

[그림 3.3] 브레인스토밍 리스트의 예

마인드맵

마인드맵은 브레인스토밍의 시각화된 다른 버전이다. 마인드맵은 일렬로 아이디어 목록을 만들기보다는 거미줄처럼 연결된 아이디어들을 그림으로 표현한다. 이 방법은 복잡한 주제를 펼쳐놓을 때 유용할 수 있으며 그룹 토의를 위한 좋은 시각적 도구이다.

특정 주제와 관련된 모든 아이디어를 포착하기 위해 마인드맵을 사용한다. 이때, 적어도 5명으로 구성된 그룹과 화이트보드, 펜이 필요하다. 회의를 진행하면서 화이트보드는 아이템의 위치를 자유롭게 바꿀수 있기 때문에 플립차트보다 유용하다. 마인드맵은 다음과 같이 사용한다.

첫째, 주제를 명확하게 공유하고, 화이트보드 중앙에 원을 그린 후 주제를 적는다.

둘째, 관련 이슈와 주제를 브레인스트밍하면서 나온 내용들을 화이트보드에 기록한다.

셋째, 유사한 아이디어를 세 개 또는 네 개로 묶어 서로 연결한다.

넷째, 묶인 아이디어에 카테고리를 만들고 각 카테고리의 주위에 사각형을 그린다.

다섯째, 구성된 카테고리는 주제와 선으로 연결한다.

마인드맵 방법은 다음과 같은 주제에 효과적일 것이다.

- 문제의 원인을 파악할 때
- 사업 또는 시스템 요구사항 아이디어를 도출할 때
- 문서 작성에 들어갈 내용을 결정해야 할 때

마인드맵의 예는 [그림 3.4]에 나타나 있다.

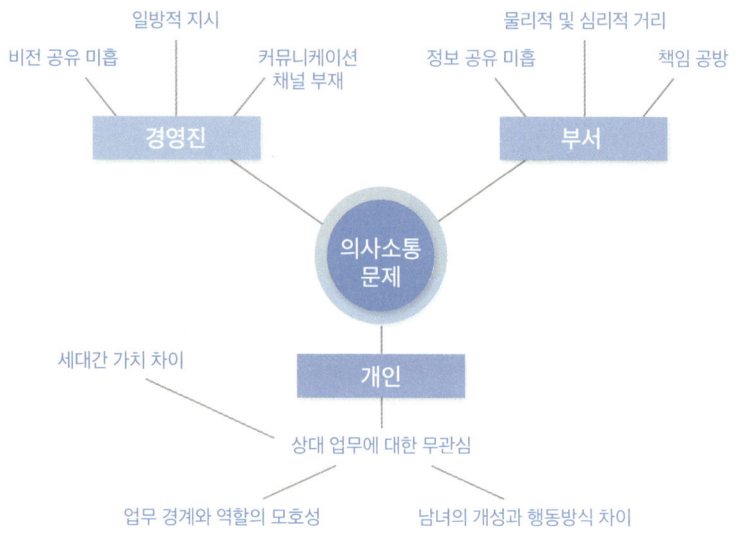

[그림 3.4] 마인드맵의 예

아이디어를 정리하는 기법

퍼실리테이터는 워크숍에서 많은 아이디어들을 도출하고 난 후, 아이디어들을 정리할 필요가 있다. 먼저 각 아이디어를 토의하여 그 의미가 무엇인지 참여자들에게 충분히 이해시켜야 한다. 퍼실리테이터의 중요한 역할 중 하나는 아이디어의 명확성과 논리를 확보하는 것이다. 모든 아이디어가 이해되면 다음 방법 중 하나를 사용하여 정리할 수 있다.

- 거수하기: 각 개인에게 손을 들어 가장 선호하는 5가지 아이디어를 선택하도록 요청한다.
- 플립차트에 체크하기: 참여자들에게 플립차트 펜으로 가장 선호하는 5가지 항목을 플립차트/화이트보드에 직접 체크하도록 한다. 이때 참여자들의 표가 동료들에게 공개되지 않도록 한다.
- 노란색과 빨간색 스티커 붙이기: 참여자에게는 5개의 노란색 스티커와 5개의 빨간색 스티커가 주어진다. 플립차트 내용 중 선호하는 아이디어에 대해 노란색 스티커를 1개씩, 선호하지 않는 아이디어에 대해 빨간색 스티커를 1개씩 붙이도록 요청한다. 여기서 중요한 건 비공개적으로 진행하는 것이다.
- 아이디어별 점수 주기: 각 참여자에게 일정 점수(예 : 10점)를 할당하여 가장 선호하는 5개의 아이디어에 대해 점수를 부여하여 플립차트에 직접 기록하도록 한다. 여기서도 중요한 건 비공개적으로 진행하는 것이다.

위의 모든 작업은 참여자들에게 아이디어 목록을 복사해 나눠주는 방식으로 수행할 수 있다. 뒤에 나오는 비밀 투표 기법을 사용하여 비교할 수 있다.

T-차트와 역장 분석

T-차트는 다양한 행동 과정을 평가하고 비교할 수 있는 기법이다.

이 기법은 복잡한 문제에 대한 다양한 해결 방안을 검토하는 데 적합하다.

[그림 3.5]는 위기에 처한 영업소 관리자 그룹이 작성한 T-차트이다.

첫째, 논의중인 아이디어(예: 다음 주 임시 안내 담당자 채용)는 모든 사람들이 볼 수 있도록 플립차트 상단에 명확하게 기록해야 한다.

둘째, 플립차트의 중간에 구분선(세로)을 그린다.

셋째, 참여자들에게 아이디어의 장점과 단점을 묻고, 나온 장점은 구분선의 왼쪽에, 단점은 오른쪽에 적는다.

화살표는 역장분석의 기법과 같이 보통 중앙을 향하게 그린다.

넷째, 참여자들은 5점 만점으로 점수를 매겨 각 항목의 상대적 중요도를 표시한다.

이러한 T-차트 분석으로 각 아이디어의 전체 점수를 비교하여 최상의 아이디어를 선택하거나, 각 참여자가 가장 선호하는 아이디어를 선택하는 최종 투표를 실시한다.

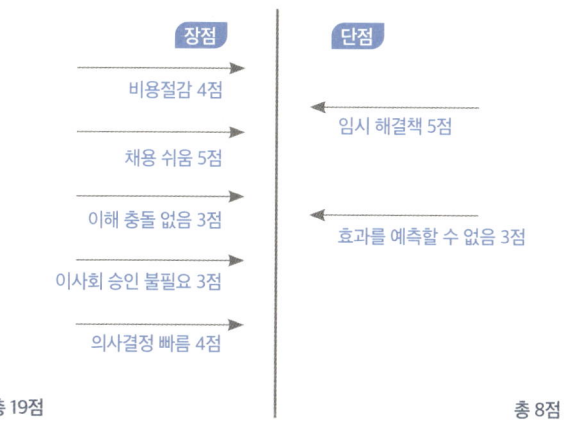

[그림 3.5] T-차트와 역장분석의 예

소그룹 활동

워크숍에서 다양한 활동을 하는 좋은 방법은 큰 그룹을 소그룹으로 나누어 특정 과제를 수행하도록 하는 것이다. 소그룹 활동은 참여자들에게 의견을 말하기보다는 문제를 토의하고 이를 반영하도록 권장한다. 또한 관심 수준을 높게 유지하고 그룹의 과묵한 구성원들이 친근하게 토의에 참여할 수 있도록 돕는다. 소그룹은 2명에서 5명으로 구성되어야 한다. 5명이 넘는 그룹은 퍼실리테이터가 필요하다. 퍼실리테이터 없이는 초점을 잃을 수 있다. 소그룹 작업을 실행하는 원칙은 다음과 같다.

- 매우 구체적이고 명확한 과제를 설정한다.
- 그룹들에게 과제에 대한 종료 시간을 알려주고, 이것에 대해 엄격하게 관리한다.
- 시간의 경과에 따라 진행 상황을 점검하고, 만약 시간을 초과할 경우 모든 참여자들과 초과되는 시간에 대해 협의를 해야 한다.
- 각 소그룹에서 논의된 결과(생각, 결론, 목록)를 제출한다.
- 각 소그룹이 자신이 하고 있는 일을 이해하고 잘 수행하고 있는지 점검한다.

소그룹 활동의 예는 다음과 같다.

- 특정 문제에 대해 가능한 모든 해결책을 나열하고, 그 중 선호하는 5가지를 선택한다.
- 특정 행동의 장단점을 논의하고 범주화 한다.
- 특정 서비스 또는 제품의 최근 문제 목록을 만든다.

소그룹 결과 발표

소그룹 활동 논의 후, 각 그룹에게 결과를 공식적으로 발표하도록 요청하면 참여자들의 관심을 유도할 수 있다. 각 소그룹에서는 발표자를 사전에 선정하고 아래 절차를 따르도록 한다.

- 참여자들에게 프레젠테이션을 위한 일정 시간을 제공하고 (5분 또는 10분) 이를 엄격하게 관리한다.
- 각 발표자에게 하나 또는 두 개의 명확한 플립차트를 사용하여 무엇을 말하고자 하는지 설명하도록 요청한다.
- 다른 그룹에게는 공식적으로 의견을 말하거나 피드백을 하도록 요청한다.

의사 결정: 공개 투표와 비밀 투표

퍼실리테이션 워크숍에서는 공개 투표와 비밀 투표의 두 가지 방법 중 하나로 의사결정을 할 수 있다.

공개 투표는 아이디어에 점수를 할당하여 선호도를 표시하거나 특정 아이디어에 '예' 또는 '아니요'를 표시하는 등 일반적으로 거수하기와 유사하다. 결정을 내려야 하는 워크숍에서 퍼실리테이터는 참석자의 80%가 동의해야만 의사결정을 통과시키는 과반수 투표 방식을 사용한다. 워크숍에서 사용되는 '침묵'은 동의를 말하는 것이 아닐 수 있기 때문에 과반수 투표에서는 오류가 생길 수 있다.

비밀 투표는 그룹의 강력한 구성원들이 다른 사람들에게 영향을 주지 않으면서 참여자들의 의견을 묻는 방법이다. 예를 들면, 참여자들에게 가장 선호하는 5가지 아이디어에 20점을 할당하도록 요청하고, 그들이 선호하는 아이디어에 더 많은 점수를 부여하도록 하는 것이다. 각 참여자들은 자신의 표를 종이에 익명으로 기록한다.

퍼실리테이터는 참여와 관심을 유지하면서 점수를 합산할 수 있도록 해야 한다. 예를 들면, 용지를 섞어서 참여자들이 익명의 용지를 나누어 가지도록 한다. 그런 다음 퍼실리테이터는 참여자들에게 아이디어에 할당된 점수를 이야기하게 하고, 점수를 플립차트에 표시한다.

이 기법은 브레인스토밍 세션에서 발생하는 다섯 가지 가장 중요한 아이디어를 선택하거나 T-차트에 수집된 다양한 장단점의 상대적 가중치를 결정하는 데에도 사용될 수 있다.

유연한 토론 도구

앞에서 설명한 구조화된 토론 도구는 합리적으로 잘 정리된 아이디어에 초점을 맞춘 토론에 이상적이다. 그러나 때때로 워크숍은 다음과 같이 어려운 문제를 해결해야 할 수도 있다.

- 조직 비전
- 조직 문화
- 조직 운영 방법
- 부서 간 장벽

이러한 유형의 문제에서는 일부 구조화된 토론 도구가 도움이 되겠지만, 유연한 접근이 필요할 수도 있다. 아래에 열거된 도구는 애매모호한 문제를 해결하는 데 도움이 될 것이다.

MSG[1] 테이블

MSG 테이블(화가 나거나 슬프거나 기쁨)은 애매모호한 문제를 해결하는 데 도움이 되는 유용한 기법이다. 참여자들에게 어떤 문제에 화가 나거나 슬프거나 기쁜지 물어보라. 만약 당신이 회사의 비전을 논의하고 있다면, 워크숍 참여자들은 소그룹 안에서는 조직에서 무엇이 그들을 화나게 하는지, 슬프게 하는지, 기쁘게 하는지 나열할 수 있다. 화가 나거나, 슬프거나 기쁜 주제는 막연하여 사람들이 정확하지 않아도 애매모호한 문제에 대해 자유롭게 토의할 수 있다. 구체화하는 과정은 나중에 다룰 수 있다. [그림 3.6]은 영국의 중견 엔지니어링 회사의 경영 방식을 논의하는 소그룹 예시 목록이다.

그후 퍼실리테이터는 데이터를 수집하고 그룹에게 각 항목의 상대적 중요성에 대해 논의하도록 할 수 있다. 그러면 정말 중요한 문제들을 좀 더 자세하게 다룰 수 있다.

---

1. Mad, Sad, Glad

화가 나는(Mad)	슬픈(Sad)	기쁜(Glad)
• 경영자들의 회의에서는 어떤 보고서도 나오지 않는다. • 우리 회사는 내부에서 무슨 일이 일어나고 있는지 알려주지 않는다. • 임원들이 먼저 와서 우리에게 말을 걸지 않는다. • 그들은 돈을 너무 많이 받는다! • 임원실은 우리 사무실보다 카펫이 더 좋다.	• 사무실을 이전하기 전에는 직원과 관리자의 소통이 더 좋았다. • 나는 결코 관리자가 되고 싶지 않다. 왜냐하면 나는 그 일이 얼마나 고달픈지 알기 때문이다.	• 회사 회합은 매우 좋다. 감사해요! • 사내 소식지는 회사에 대한 명확한 정보를 제공한다. • 관리자는 제안에 대해 개방적이다. • 우리는 우리의 직업을 즐긴다.

[그림 3.6] MSG 테이블

퓨처링(미래 상상하기)

퓨처링은 특히 회사 내부 워크숍에 유용하다. 이것은 참석자들이 미래에 무엇을 원하는지 생각하게 하는 창의적인 기법이다. 예를 들어, '5년 후 당신이 워크숍에 참석해 있다고 상상해 보십시오. 그 조직이 어떻게 되기를 바라며 어떤 논의를 하고 싶으십니까?'

이 기법은 똑같이 경영 방식을 토의하는 데 사용될 수도 있다. 예를 들어 '당신은 지금부터 3년 후에 경영자 회의에 참석하려고 한다. 3년 후 당신이 원하는 미팅 형식과 관리 스타일에 대해 설명하시오.' 등이다.

오픈 스페이스 (OST)

워크숍의 일부는 사전에 의제가 결정되지 않는 오픈 스페이스 기법을 활용하여 운영할 수 있다. 이 기법의 목적은 참여자들이 스스로 선택하는 관심 주제에 대해 논의하도록 하는 것이다. 퍼실리테이터는 모든 사람이 중앙에 공간을 두고 원형으로 앉도록 배치한다. 펜과 종이를 공간 중앙의 바닥에 놓고, 참여자들은 모두가 볼 수 있도록 관심 주제를 적어 중앙으로 제출한다. 그 문제를 중심으로 한 짧은 토론 그룹을 운영하는 것이다.

일단 적정량의 관심 주제가 나오면 주제에 따라 그룹을 선택하고 미니 워크숍을 진행한다. 소그룹들은 주요 문제를 요약해서 다시 중앙으로 돌아온다.

오픈 스페이스의 흥미로운 원리 중 하나는 참여자들이 한 주제에서 다른 주제로 이동하거나, 가만히 있거나, 자유롭게 이야기할 수 있다는 것이다. 이것은 참여자들에게 자유로운 분위기를 만들어 준다.

특정 상황 연기(Role play)

조직 생활에서 특정 장면들을 연기하는 활동(R/P)은 사람들에게 문제를 말하게 하지 않고도, 어렵고 복잡한 문제를 이끌어내는 좋은 방법이다. 예를 들어, 회사 문화를 다루는 워크숍에 참석한 소그룹의 참여자들에게 두 가지 장면을 연기하도록 요청할 수 있다. 첫 번째는 현재 회사 문화를 대표하는 장면이다. 두 번째는 새로운 기업 문화로 개선되었으면 하는 이상적인 장면이다.

참여자들에게 뉴스 룸, 퀴즈 쇼, 좋아하는 TV 프로그램 형식을 사용하여 회사 문화에 대한 혁신을 요청함으로써 훨씬 더 창의적인 방법으로 워크숍을 운영할 수 있다. 이 방법은 심각한 문제를 해결해 가면서 참여자들에게 즐겁고 기억에 남는 활동이 될 수 있다. 활동이 끝나면 그룹 앞에 나와 연기한 장면에서 발생한 핵심 사항들을 제시해 달라고 요청할 수 있다.

삶의 강(River of life)

많은 중요한 역사를 다루는 워크숍을 진행하는 경우, 퍼실리테이터는 참여자들에게 '삶의 강' 기법을 사용하여 관련 역사를 토의하고 해결하도록 요청할 수 있다. 이 방법은 참여자들을 소그룹으로 나누고 그들에게 전지(플립차트 크기)에 '강'의 그림을 그려 달라고 요청하는 것이다. '강'에는 조직, 부서 또는 제품의 역사를 나타내야 한다. 그 강에는 굴곡, 폭포, 댐, 둑, 다리 등이 있고, 갈라지거나 아예 마를 수도 있다. 참여자들에게 강줄기에 있는 모든 중요한 지점들에 라벨을 붙이도록 요청한다. 이를 통해 그룹은 복잡하거나 어려운 문제를 제기하고 토의할 수 있다.

퍼실리테이터는 각 소그룹에게 '삶의 강'을 공유하게 한 후, 그들이 관계된 조직, 부서 또는 산출물의 가장 중요한 순간을 파악할 수 있도록 지원해야 한다. 이것은 현재와 미래에 대해 논의하는 데 도움이 될 것이다.

이 기법의 주요 장점은 과거의 이슈에 얽매이지 않고 미래에 대해 이야기할 수 있다는 것이다.

콜라주(Collage)

콜라주는 참여자들이 어렵거나 복잡한 문제를 토론하도록 하는 좋은 소규모 그룹 활동이다. 참여자들에게 다양한 종류의 사진, 잡지, 가위, 풀, 테이프, A3 용지를 나누어 준다. 그러면 참여자들은 지금처럼 경영 스타일이나 회사 문화를 나타내는 콜라주를 만들 수도 있고, 그들이 원하는 방식으로 콜라주를 만들 수도 있다. 완성되면 그룹들은 서로 자신의 콜라주를 설명하고, 모든 주요 이슈는 퍼실리테이터가 수집하여 추가 논의한다.

통합하기

워크숍의 목표가 명확하고, 참여자가 결정되고, 필요한 조사를 수행했으면, 적절한 도구와 기법을 이용해서 아래에 언급된 순서를 중심으로 구조를 설계할 수 있다. 일반적인 설계 구조는 다음과 같다.

Step 1 환영 및 소개

참여자 모두를 환영하고 워크숍 주제와 목표를 소개한다. 워크숍 의제를 살펴보고, 그라운드 룰을 정한다. 위에 소개된 기법 중 하나를 사용하여 모든 사람을 편안하게 주제에 집중할 수 있게 한다. (모든 사람을 포함시켜야 하는 것을 기억하자.)

Step 2 주제에 집중하기

위에 소개된 오프닝 기법 중 하나를 사용하여 워크숍을 시작하고, 주제에 대한 토의를 진행한다.

Steps 3 세부 주제 세션

각 세부 주제에 집중하여 위에서 설명한 구조화된 토론 도구를 사용하여 필요한 아이디어 창출, 일반 토론 및 의사결정 과정을 진행한다. 일반적인 순서는 다음과 같다.

- 아이디어 창출을 위한 브레인스토밍
- 아이디어 논의
- 비밀 투표나 플립차트 체크를 이용하여 아이디어를 요약
- 장단점에 대한 그룹 작업
- 그룹 결과 발표
- 단체 토론

- 공개 또는 비밀 투표를 이용한 최종 결정

Step 4 결론 요약하기

모든 결정된 사항과 생성된 아이디어 목록을 요약한다. 그러면 전체적인 결론을 기록할 수 있다.

Step 5 마무리 및 다음 단계

참여자들에게 워크숍에서 말했던 것, 느낀 것, 결정한 것 등을 표현하게 한 후 워크숍을 종료한다. 마무리 단계에서는 마지막 순간에 추가하거나 수정할 수 있는 기회를 준다. 누구에게 어떤 정보를 보낼 것인지, 그리고 언제 어떤 정보를 보낼 것인지 분명히 하라.

워크숍 설계의 예는 다음과 같다. 이 설계는 주로 퍼실리테이터가 세션을 계획하는 데 사용된다는 점을 유의하라. 참여자는 워크숍을 시작하기 전에 미리 생각을 하는 데 도움이 되는 안건을 받아야 한다.

사내 컴퓨터 지원 워크숍 설계

시간	활동내용	소요시간	대상
09:00	환영 인사 및 소개	15분	전체
09:15	지난 해 조사 결과 발표 및 토의	15분	전체
09:45	올해의 개인 경험 돌아보기	15분	개인
	개별 경험 토의하기(좋은 점과 나쁜 점 뽑기)	20분	소그룹
	전체 그룹 토의	40분	전체
	비밀 투표를 사용하여 중요도/긴급도에 따라 좋은 점 및 나쁜 점 순으로 순위 매기기		
10:45	브레이크 타임		
11:00	이상적인 서비스는? 브레인스토밍으로 아이디어를 내고, 거수하여 평가 및 우선순위 부여하기	20분	전체
11:40	향후 5년간 지원 서비스에서 원하는 세 가지 사항 도출하기	20분	전체
	소그룹 별 발표	20분	전체
12:30	요약	30분	전체
12:45	마무리	15분	전체

여기서 잠깐!

Question 4

경영 컨설팅 회사이다. 15명의 직원으로 구성되어 있으며, 그 중 10명은 경영 컨설턴트다. 이들은 보통 고객과 현장에서 만나며, 하나의 큰 그룹으로 만나는 일은 거의 없다. 아래 워크숍 설계는 10명의 경영 컨설턴트 그룹이 향후 5년간 사업 전략을 논의하고 결정할 수 있도록 하는 것을 목표로 한다. 효과가 있을까? 그렇다면 이유를 설명하시오.

사업 전략 워크숍 설계

시간	활동내용	소요시간	대상
09:00	환영 인사 및 소개, 회사 전략과 개인적인 목표 공유	30분	전체
09:30	새로운 전략적 방향에 대한 개인별 아이디어 도출	10분	개인
	새로운 전략적 방향에 대한 전체 그룹 토론 전략 방향 정하기	20분	전체
10:00	각 전략에 필요한 잠재적 이익 및 리소스에 대한 소규모 그룹 토의	90분	소그룹
	토의 결과에 대한 소그룹 발표		
11:30	휴식 시간		
11:50	전체 그룹 토의, T-차트 및 비밀 투표를 사용하여 최종 의사 결정	40분	전체
12:30	요약		
12:45	마무리	15분	전체

Question 5

15명의 고용 대행 회사 직원들이 현재 시내 중심부에 있는 사무실에서 일하고 있다. 그 회사는 사무실을 폐쇄하고, 직원들을 집에서 일하게 하는 것을 고민하고 있다. 직원이 재택근무에 대한 의견을 제시할 수 있는 워크숍을 설계하고, 이 워크숍을 운영하기 위해 어떤 구성과 프로세스가 필요한지에 대한 의견을 제시할 수 있도록 아래의 템플릿을 사용하여 작성하시오.

워크숍 템플릿

( ) 워크숍 설계

시간 및 활동	소요시간	대상

참여자들을 위한 어젠다[2] 공지

전체 워크숍 과정의 중요한 부분인 어젠다를 참여자들에게 전달한다. 어젠다는 참여자들에게 워크숍이 무엇에 관한 것인지를 알게 해주고, 어떻게 워크숍을 준비할 수 있는지에 대한 몇 가지 아이디어를 제공한다. 참여자들에게 워크숍 설계는 너무 많은 정보를 포함하고 있기 때문에 유용하지 않다. 아래는 이전 섹션에서 설계된 워크숍에 대해 참여자에게 알리는 데 사용할 수 있는 예시 어젠다이다.

워크숍 어젠다 예제

사내 컴퓨터 지원 워크숍

사내 컴퓨터 지원 서비스에 대한 아이디어와 견해를 듣고자 귀하는 이 워크숍에 초대되었습니다. 워크숍의 목적은 서비스에 대해 무엇이 좋은지, 어떤 개선이 필요한지, 그리고 향후 서비스에서 무엇이 요구될지를 보다 명확하게 파악하는 데 있습니다. 참석 전에 아래의 주제에 대해 검토하시기 바랍니다.

09:00	환영 인사 및 소개 지난해 조사 결과 발표 올해 서비스 참석자의 경험담(좋은 점 또는 나쁜 점)
10:45	휴식 시간
11:00	이상적인 서비스는 무엇인가?

---

2. 퍼실리테이션에서 어젠다(Agenda)는 (1) 의제, 혹은 (2) 개략적인 퍼실리테이션 설계(목적과 주요 진행 순서) 등의 의미로 사용된다

11:40	참석자의 미래(향후 5년) 서비스 요구 사항
12:30	요약
12:45	마무리

여기서 잠깐!

Question 6

다음과 같은 워크숍 어젠다의 장단점은 무엇인가?

"우리는 이 조직의 리더십을 논의하기 위해 수요일 아침에 만날 것입니다. 회사의 몇몇 부서에서는 리더십이 부족하다는 의견이 있어 이것을 바로잡고 싶습니다. 이 상황을 어떻게 개선할 수 있는지 몇 가지 방안을 생각해서 오십시오."

FACILITATION
made easy

CHAPTER **4**

워크숍 실행하기

RUNNING A
FACILITATED
WORKSHOP

모든 사람들은 밝은 희망을 가지고 있다.

PT Barnum

퍼실리테이터의 역할은 참여자를 통해서 가장 좋은 결과를 얻는 것이다. 참여자들이 의지가 없거나, 주제에 대한 관심도가 낮더라도, 이 장은 참여자들이 말하고, 생각하고, 기여하도록 하는 데 긍정적으로 도움을 줄 수 있다.

퍼실리테이터의 책임

퍼실리테이터는 참석자들에게 워크숍을 안내하고, 워크숍의 목표를 명확하게 해주며 물리적 환경을 제공하는 등 워크숍이 처음부터 끝까지 원활하게 진행되도록 할 책임이 있다.

- 참석자들이 워크숍 장소로 들어올 때와 프로그램을 시작할 때 환영 인사를 한다.
- 필요한 경우 참석자를 서로 소개하게 한다.
- 참석자에게 제공할 간식과 음료를 준비한다.
- 편안하고 참여적인 분위기를 조성한다.
- 참석 예정자가 출석했는지 확인한다.
- 어색해하는 참석자를 배려한다.
- 참석자들이 아이디어를 내게 하고, 새로운 방식으로 생각하도록 격려한다.
- 참석자들의 관심사에 대해 이야기를 나눈다.

또한 퍼실리테이터는 워크숍의 목표가 명확하고 필요한 작업이 무엇인지 아래와 같은 방법으로 확인해야 한다.

- 워크숍의 기대를 명확하게 했는가?
- 참석자들을 참여시키기 위한 과제와 질문을 준비했는가?
- 전체 참석자들이 워크숍의 요점을 이해하고, 어떠한 견해를 가지고 있는지 확인했는가?
- 참석자가 말하는 내용 또는 요청받은 내용에 대해 명확하게 이해했는지 확인했는가?
- 참석자들이 토론에 집중하고 있는가?

- 참석자들에게 관심 있는 정보를 제공했는가?
- 토론 분위기를 조성했는가?
- 워크숍이 계획대로 진행되고 있는가?
- 워크숍의 시간 관리가 잘 되고 있는가?
- 토론 내용을 기록하고 있는가?
- 조치 사항과 결정을 이끌어 냈는가?

물리적인 환경에 대한 퍼실리테이터의 책임은 다음과 같다.

- 준비물 목록 점검 (펜, 플립차트, 포스트잇 등 문구류)
- 워크숍 환경 점검 (테이블 배치, 의견 게시를 위한 공간, 마이크, 빔프로젝터, 음향 장치 등)
- 워크숍 결과 점검 (정보 관리를 위해 논의된 산출물 수거 등)

여기서 잠깐!

Question 1
당신이 10명의 관리자를 위한 워크숍을 추진하고 있다고 상상해 보라. 당신은 플립차트가 있을 것으로 예상했지만 오직 빔프로젝터만 있다. 어떻게 하겠는가?

Question 2
참가자가 워크숍에 도착해서 인사만 하고 뒷좌석에 앉아 참관만 하겠다고 한다. 어떻게 하겠는가?

워크숍 소개

워크숍을 시작할 때는 편안한 분위기를 조성한 후 워크숍의 목적이 무엇인지 명확하게 소개하는 시간이 따로 있어야 한다.

워크숍의 분위기는 초반에 조성하는 것이 매우 중요하다. 아래 내용을 활용하여 누락된 것이 없는지 점검해 보자.

- 모든 사람을 환영하고, 워크숍 참석에 대해 감사 인사를 한다.
- 퍼실리테이터는 자신을 소개하고, 역할을 설명한다.
- 워크숍 목적 및 배경을 설명한다. (의뢰받은 워크숍의 경우 스폰서가 직접 워크숍의 목적을 소개하도록 한다. 이를 통해 참석자가 워크숍이 중요하다는 것을 알 수 있다.)
- 이 워크숍이 전체 중 일부라면, 전체의 어느 부분에 해당되는지 설명한다.
- 워크숍의 진행 순서를 자세히 안내한다. (휴식 시간, 점심시간 등)
- 워크숍 동안 이용해야 하는 장소를 미리 안내한다. (휴게실, 식당, 화장실 등을 안내하지 않아 참석자들이 불편해질 수 있다.)
- 안전과 관련된 사항도 미리 안내한다. (화재, 안전 구급장비 등)
- 워크숍의 진행 방식을 설명하고, 기본 규칙을 정한다.
- 토의 내용을 기록할 사람을 정한다. (퍼실리테이터가 관리하는 플립차트만으로도 충분할 수 있다.)

- 참석자가 자신을 소개하게 한다.

질문과 경청

퍼실리테이터는 워크숍의 주제와 관련하여 경청의 기술을 통해 그룹을 편안하게 이끌 수 있어야 한다. 또한, 참여자의 의견이 비중 있게 받아들여지도록 상황에 맞는 질문 기술도 있어야 한다.

경청 기술

경청 기술에 대해 많은 오해가 있다. 경청이란 단순히 고개를 끄덕이고 말하는 시간을 주는 것이 아니라, 상대방이 말하는 것을 명확하게 이해하는 것이다. 그룹 상황에서는 일반적으로 제대로 된 경청이 이루어지지 않는다. 왜냐하면 참여자들은 자신의 의견을 표현하기 위해 적극적이지만, 다른 참여자가 무엇을 이야기하는지에 대해서는 거의 관심을 갖지 않기 때문이다.

워크숍에서 퍼실리테이터는 참여자들이 개인의 의견을 주장하도록 내버려 두어서는 안 된다. 만약 참여자가 추측에 근거해서 자신의 의견을 주장한다면, 그것은 사실에 근거해서 설명되어야 한다. 그렇지 않으면 추측은 더 큰 추측으로 확산될 우려가 있기 때문이다.

경청에서 행동과 태도는 중요하다. 퍼실리테이터는 다음과 같이 좋은 비언어적 경청을 보여주어야 한다.

- 말하는 사람과 아이컨택 하기
- 고개 끄덕이기
- 말하는 사람과 눈높이 맞추기
- 상대방의 말에 공감하는 표정 짓기
- 불필요한 제스처 사용하지 않기(팔짱, 기대기, 짝다리 등)
- 시계 보지 않기
- 플립차트에 말한 내용을 기록하고 확인하기(참석자들은 그들의 의견이 기록되지 않으면 기분 나빠할 수 있다.)

다른 사람의 의견을 이해했다고 말로 표현하는 경청은 매우 중요하다. 언어적 경청 기법은 다음과 같다.

- 공감 표현하기(예: '무슨 말인지 알겠습니다.' 또는 '그것은 오해의 여지가 있을 수도 있겠군요.' 또는 '아, 그런 일이 있었군요.')
- 직접적인 확인 질문하기
- 들은 내용을 요약해서 확인하기('그러니까 지난 6개월 동안 서비스가 80%만 유효했다는 말씀이세요?')
- 의견이 정확하게 확인될 때까지 판단 금지하기

- 참석자의 견해를 무시하지 않기
- 비아냥거리거나 조롱하지 않기
- 참여자들의 의견에 감사 표현하기

토론을 위한 주요 주제는 사전에 계획되지만, 추가 질문은 현장에서 결정되어야 한다. 이것은 워크숍을 유용하게 만드는 중요한 부분이다. 참여자는 워크숍에 뭔가를 기여했다는 느낌을 가질 수 있어야 한다.

질문 기술 및 유형

질문 기술은 워크숍 전체에서 매우 중요하고, 특히 대규모 그룹에서 더욱 유용하게 사용될 수 있다.

질문의 유형은 6가지로 분류된다.

1. 열린 질문

열린 질문은 토론을 열고, 사람들의 생각을 자극하는 데 사용된다. 열린 질문은 '예'나 '아니요'로 간단하게 대답할 수 없다. '이 부서의 주요 책임은 무엇인가요?'와 '이 조직의 어떤 면이 당신에게 매력적인가요?'와 같은 열린 질문으로 좋은 토론을 시작할 수 있다.

질문의 대부분은 워크숍 전에 퍼실리테이터가 미리 준비해야 하지만, 계획되지 않은 논의 영역으로 옮겨야 한다면 이때는 열린 질문이 유용하다.

너무 단순하거나 모호하지 않도록 주의하라. '시스템에 대해 어떻게 생각하나요?'와 같은 질문은 '시스템의 어느 부분에 대해 불만족스러운가요?'보다 훨씬 소극적인 반응으로 이어질 가능성이 있다. 사람들은 너무 당연하거나, 막연한 질문에는 대답하기 어려워한다. 또한 '이 서비스를 사용해 본 좋은 경험을 말해 볼까요?'라는 질문이 '이 제품에 대해 말해 보세요.'라는 막연한 질문보다 좋다.

2. 확인 질문

질문을 명확히 하는 것은 퍼실리테이터에게 매우 유용한 도구를 제공한다. 확인 질문은 요점을 명확히 하기 위해 추가 정보를 요구한다. 예를 들어 아래에 재현된 워크숍 대화에서 퍼실리테이터는 참석자의 관점을 이해하기 위해 확인 질문을 사용하고 있다. 이 예는 명확화가 어떻게 더 나은 내용의 토론으로 이끌 수 있는지를 보여준다.

> 참여자: 시스템 담당자들이 게으르고 현실에 안주하는 것 같아요.
>
> 퍼실리테이터: 왜 그렇게 생각하시나요?
>
> 참여자: 그들은 전화를 잘 받지도 않고, 어쩌다 통화가 되면 우리가 직접 해결하라고 이야기해요.
>
> 퍼실리테이터: 그렇군요. 정말 불편하셨겠네요. 얼마나 자주 이런 일이 일어나나요?

참여자: 글쎄요, 지난주에 여섯 번이나 전화를 걸었는데 전화벨만 울릴 뿐 받지 않더라고요.

퍼실리테이터: 아, 그래요. 그러면 그 문제를 플립차트에 적어 볼까요? 만약 이 문제를 해결하지 않으면 얼마나 심각해질까요?

참여자: 글쎄요, 저는 이 문제를 해결해야 한다고 생각해요. 여섯 번이나 전화를 받지 않은 것도 이해할 수 없지만, 통화 후 담당자가 프린터 카트리지를 알아서 교체해야 한다고 이야기했을 때 나를 놀리고 있다는 생각이 들어 화가 많이 났어요.

퍼실리테이터: 그래요, 충분히 이해가 가는 상황이군요. 그러면 이 문제(카트리지 교환)도 해결해야 한다고 생각하시나요?

참석자: 아니, 아니. 그것은 일회성이었어요. 전화를 받지 않는 문제에 집중하는 것이 맞는 것 같아요.

3. 예시 질문

예시 질문은 특정 이슈의 예를 묻고 있으며 질문을 명확히 하는 것과 같은 방식으로 사용되어 더 많은 통찰력을 준다. 그 예는 다음과 같다.

참여자: 우리 조직은 실제로 고객 관점에서 의견을 듣고 수용하는 것이 강점이에요. 때문에 고객들의 견해는 직접적인 서비스 개선으로 이어지고 있어요.

퍼실리테이터: 아, 그래요. 아주 긍정적 현상이네요. 혹시 서비스 개선을 가져 온 최근의 구체적인 사례가 있을까요?

4. 탐색 질문

탐색 질문은 주제에 관련된 자세한 정보를 얻기 위해 필요하다. 예를 들어, '그녀의 전화 매너에서 특히 인상 깊었던 것은 무엇인가요?'

너무 많은 탐색 질문은 공격적이라고 판단되므로 이런 유형으로 무리하게 질문하는 것은 경계해야 한다. 완곡 어법은 탐색 질문을 부드럽게 하는 데 사용될 수 있다. 아래의 예는 완곡 어법의 탐색 질문이 간단한 탐색보다 더 많은 정보를 나타낼 수 있는 방법을 보여준다.

- 직설적인 탐색

참여자: 방금 그 사람한테 그만두라고 했어요.

퍼실리테이터: 왜 그러셨나요?

참여자: 그 사람은 전혀 도움이 되지 않아요.

- 완곡한 탐색

참여자: 방금 그 사람에게 그만두라고 했어요.

퍼실리테이터: 왜 그런 행동을 하게 되었는지 말씀해 주실 수 있나요?

참여자: 사실 존에게 여러 번 기회를 주었지만, 그는 결코 노력하는 모습을 보이지 않았어요.

5. 감정을 반영한 질문

퍼실리테이터는 참여자에게 질문을 통해 지난 상황을 되돌아보게 하면 이를 통해 더 많은 정보를 수집할 수 있다.

> 참여자: 그럼 우리가 고객에게 신경 쓰지 않는다는 결과가 나왔다는 말인가요?
>
> 퍼실리테이터: 네. 설문 결과가 그렇게 나왔어요. 현장 반응과 설문 결과가 달라서 혼란스러우시겠어요.
>
> 참여자: 네. 최근 만난 고객들의 반응은 정반대였어요.

참여자가 사용하는 특정 단어를 다시 반복하여 더 많은 정보를 얻을 수 있다. 예를 들면:

> 참여자: 저는 그 말이 상당히 걱정스러워요.
>
> 퍼실리테이터: 걱정되세요?
>
> 참여자: 네, 저는 이 문제들이 해결된 줄 알았어요.

6. 촉진 질문

참여자들로부터 더 많은 정보를 얻기 위해 촉진하는 질문을 사용할 수 있다. 촉진 질문에는 다음과 같은 전체 그룹에 대한 질문이 포함된다.

- 이 주제에 대해 또 다른 의견이 있으십니까?
- 추가 의견이 있으신 분?
- 이미 말한 내용에 대해 강조하고 싶은 분이 있나요?
- 또 다른 견해가 있으신가요?

또는 개인에게 물을 수도 있다.

- 조금 더 말씀해 주시겠어요?
- 그거 흥미롭군요. 좀 더 자세히 말씀해 주시겠어요?

여기서 잠깐!

Question 3
다음과 같은 참여자의 주장에 대해 명확히 질문하라.
'나는 항상 이 회사가 냉정하고 무자비하다는 것을 알았어요.'

Question 4
다음과 같은 참여자의 의견에 대한 완충적인 탐색 질문을 작성하라.
'여러분들이 만들어놓은 쓸모없는 아이디어를 우리가 활용할 수 있는 방법이 없습니다!'

토론 관리

퍼실리테이터의 가장 중요한 일은 워크숍을 관리하는 것이다. 퍼실리테이터는 다양하고 창의적인 의견이 많이 나올 수 있도록 자유롭게 워크숍을 운영해야 하지만, 전체 워크숍 시간 내에 의견이 나올 수 있도록 관리하고, 깊이 있는 논의가 될 수 있게 운영해야 한다.

워크숍 관리의 기본은 워크숍을 잘 설계하는 것이다. 퍼실리테이터는 참여자들에게 주제에 대해 생각하고 아이디어를 토론하고 필요한 결론을 내릴 수 있는 충분한 자유를 주는 동시에 워크숍의 설계를 통해 참여자의 의견을 조율해야 한다.

그라운드룰 합의

그라운드룰은 토론 관리에 좋은 토대를 제공한다. 그라운드룰은 퍼실리테이터가 일반적인 내용으로 제시하거나 또는 처음부터 참여자가 스스로 그라운드룰을 작성하도록 요청할 수 있다. 일반적인 그라운드룰은 다음과 같다.

- 경청하기
- 타인의 관점을 이해하도록 노력하기
- 상대방의 이야기에 비난하지 않기

- 발언 시간을 균등하게 사용하기
- 이해가 안 되면 질문하기
- 동의하지 않으면 솔직하게 표현하기
- 이해할 때까지 판단 보류하기
- 자신의 견해에 대한 이유 말하기
- 휴대폰 무음으로 하기

워크숍 참여자들이 스스로 그라운드룰을 만들도록 하는 데는 많은 시간이 걸린다. 이런 방법은 적어도 이틀 이상의 긴 워크숍에서 필요할 수 있다. 그러나 참여자들이 그라운드룰을 만든다면, 워크숍 기간 동안 그 내용을 준수할 가능성은 매우 높다.

그라운드룰을 정하는 것은 워크숍에서 참여자들이 스스로 행동할 수 있는 방법에 대해서 생각할 기회를 준다. 또한 참여자들이 그라운드룰을 지키지 않을 때 주의를 환기시킬 수 있는 근거가 된다. 이 방법은 퍼실리테이터가 직접 관여할 필요가 없기 때문에 워크숍 운영에 도움이 된다. 만약 퍼실리테이터가 그라운드룰을 제시한 경우, 누군가가 선을 벗어난 행동을 한다면 퍼실리테이터가 관여하게 되어 부담감이 커질 수도 있다.

토론 운영

토론은 모두가 참여하고 주제에 집중하도록 세심하게 관리해야 한다. 진행하면서 플립차트나 화이트보드에 논의된 의견을 기록하라. 이것은 토론의 초점을 유지하고, 어떤 이야기가 오갔는지에 대한 명확한 기록을 유지하는 좋은 방법이다. 이 방법은 구조화된 토론 도구, 즉 열린 질문을 통한 아이디어 목록화, 마인드맵 등이 있다. (도구 및 다이어그램의 사용 예는 제3장 참조)

플립차트나 화이트보드를 사용하여 토론에 활기를 줄 수 있다. 참여자들이 토론 내용을 정확하게 공유하고 집중할 수 있도록 기호나 색상을 목록이나 도표에 추가할 수 있다. 이와 같은 브레인스토밍의 예는 [그림 4.1]을 참조하라.

모든 참여자들을 토론에 참여시키는 것이 중요하다. 퍼실리테이터는 순서대로 참여자들의 의견을 물어볼 수 있다. 만약 퍼실리테이터가 계속 이 방법을 사용한다면, 그 워크숍은 다소 지루해질 수 있다. 이를 방지하기 위해서는 퍼실리테이터가 자유토론으로 바꿔서 운영할 수 있다. 효과적인 자유토론을 위해서는 누가 참여하지 않는지를 확인하여 그들을 논의에 참여시킬 필요가 있다. 자연스러운 참여를 위해서는 '추가 의견을 가지고 있는 사람이 있습니까?', 또는 특정인을 지목하여 이 문제에 대한 의견을 듣는 것이다.

토의에서 경청하고 질문하는 기술은 매우 중요하다. 퍼실리테이터는 참여자들의 의견에 귀를 기울이고, 논의된 내용을 명확하게 하

우리의 서비스를 개선하는 방안

합리적인 가격 ☺
~~밝은 표정~~
빠른 응대
사은품
예비용품 준비
유연한 대응 ☺
와이파이 ☺
직원의 전문성
고객 니즈 파악 ☺
피드백 양식 ◎   - 고객이 싫어함
정리정돈   - 이미 하고 있음
~~공기 청정기~~
~~꽃 장식~~
무료 전기 사용 ☺
다양한 볼거리
시설에 대한 신속한 지원 ◎   - 여유 공간 없음
가격표 부착
다양한 결제 수단 ☺
신선한 음료 제공 ◎   - 특별한 기술이 필요 없음

☺   가장 보편적인 의견
◎   보편적이지 않은 의견
~~아이디어~~ 거부된 의견

[그림 4.1] 주석이 달린 브레인스토밍

고, 필요하다면 질문을 통해 추가 논의가 이루어질 수 있도록 해야 한다. 만약 당신이 초보 퍼실리테이터라면, 가장 간단한 방법으로 참

여자의 모든 의견에 후속 질문을 하는 것이다. 이를 위해 퍼실리테이터는 참여자의 의견을 경청해야 하고, 논의 내용을 명확하게 이해해야 한다. (첫 번째로 브레인스토밍에서 나온 아이디어를 평가해서는 안 된다는 점에 유의한다. 브레인스토밍에 대한 자세한 설명은 제3장을 참조하라.)

개인 과제 관리

개인이 과제를 정할 때, 참여자 개개인은 예상되는 것에 대해 명확하게 이해해야 한다. 예를 들면 참여자가 10분 동안 조용히 앉아 있는 것은 쉬우나, 그것은 시간을 낭비하는 일이다.

퍼실리테이터는 참여자들에게 특정 과제, 그 과제를 수행해야 하는 시간 그리고 그들이 어떤 결과물을 도출해야 하는지에 대해 상세히 설명해야 한다. 예를 들면 '이 활동을 10분 동안 해주세요.', '지금 사용하고 있는 시스템을 생각해 보세요. 현재의 시스템에 대해 좋은 점 5가지와 불편한 점 5가지를 적어 주세요.', '제가 요청한 것이 이해되셨나요?'라고 질문함으로써 이해도를 확인할 수 있다. 이것은 매우 유용한 질문이다.

과제를 하는 동안, 그룹을 돌아다니며 사람들을 주의 깊게 관찰하고, 그들이 과제를 제대로 수행하고 있는지 확인해야 한다. 그리고 종료 시간 1분 전에 참여자들에게 알려주어야 한다.

시간이 다 되면, 모든 참여자들의 의견을 모아 어떤 의견이 나왔는지 명확하게 공유할 수 있도록 플립차트를 준비한다. 예를 들면 T-차트를 사용하여 의견을 공유할 수 있다. (T-차트의 설명은 제3장 참조) [그림 4.2]는 위의 개인 작업에서 작성한 T-차트이다.

퍼실리테이터는 의견이 제시될 때마다 명확하게 확인하고 플립차트에 기록한다. 만약 퍼실리테이터가 이해하지 못하는 의견이 있을 경우 바로 기록하지 않는다. 예를 들면 다음과 같다.

참여자: 이 시스템의 한 가지 불편한 점은 사용자 중심이 아니라는 것입니다.

퍼실리테이터: 사용자 중심이 아니라고요?

참여자: 네. 문제가 생기면 이상한 오류 메시지가 나타납니다.

퍼실리테이터: 그러면 이상한 오류 메시지라고 적을까요?

참여자: 네. 그게 바로 저의 요점입니다.

좋은 점	불편한 점
사용하기 쉽다. 설명서를 읽을 필요가 없다. 빠르다. 그래픽이 멋지다.	이상한 오류 메시지가 뜬다. 알림 메시지가 없다. 프로그램이 자주 다운된다.

[그림 4.2] 개별 작업 결과 기록 T-차트의 예

소규모 그룹 과제 관리

소규모 그룹에서도 과제는 명확해야 한다. 그룹에서는 과제를 명확하게 이해하지 못한 사람이 다른 참여자를 엉뚱한 방향으로 유도할 수 있기 때문에 개인 과제보다 잘못될 가능성이 매우 높다.

퍼실리테이터는 참여자가 과제를 수행할 때 참여자가 해야 할 활동, 소요 시간 그리고 예상 산출물 등의 지침을 제공하거나 게시해야 한다.

대규모 그룹을 서너 명씩의 소그룹으로 나누어라. 참여자들이 그룹을 선택하게 하지 말라, 이것은 시간을 낭비하고 실익이 거의 없다. 각 소그룹을 구성한 후, 서로 방해받지 않도록 자리를 배치하는 것이 좋다. 이때 자리 배치는 참여자들이 서로의 눈을 보며 효과적으로 의사소통할 수 있도록 동그랗게 앉게 한다. 다음은 지침의 견본이다.

4인 1조로 30분 동안 다음 질문을 통해 인간과 기계의 상호작용에 대해 논의한다. 이때 서기를 뽑아서 내용을 적게 하고, 논의된 내용은 요약하여 소그룹 내에서 공유한다.

- 시스템에서 원하는 새로운 기능은 무엇인가?
- 기존 시스템의 어떤 점을 유지하고 싶은가?
- 기존 시스템의 어떤 점을 제거하고 싶은가?

퍼실리테이터는 과제가 수행되는 동안 각 소그룹을 돌아다니며 진행 사항을 점검해야 한다. 그룹이 주제에서 벗어나지 않도록 하며, 추가 정보가 필요한 경우에만 의견을 제시해야 한다. 토론 시간이 끝나기 몇 분 전에 미리 알리고, 시간이 되면 각각의 소그룹을 다시 전체 그룹으로 불러모으고, 함께 앉도록 한다. 토론에서 그들의 견해를 퍼실리테이터가 어떻게 이해했는지 확인하고. 이를 플립차트에 기록한다.

위의 경우 소그룹별로 플립차트를 사용할 수 있다. 왜냐하면 참여자들이 모두 볼 수 있어야 하기 때문이다.

계속 진행하면서 논의된 내용을 추가로 기록한다. 이때 한 그룹이 너무 오랫동안 시간을 사용하지 못하게 한다. 다른 그룹들이 지루해질 수 있기 때문이다. 소그룹 대표에게 각 주제에 대해 순차적으로 아이디어를 하나씩 발표하도록 하고, 추가 의견이 나오지 않을 때까지 아이디어를 모을 수 있도록 요청한다. 퍼실리테이터는 추가 논의가 이루어질 때마다 내용이 명확한지 질문해야 하며, 플립차트에 기록된 내용에 대한 참여자의 이해도를 확인해야 한다. 앞에서 제시한 예를 참조하라.

토론 도구

구조화된 토론 도구는 제3장에서 자세히 다루었다. 도구를 사용하기로 결정하면, 먼저 이 도구를 잘 모르는 참여자들에게 설명해야 한다. 사용된 도구에 전문 용어를 사용하지 말고, 개념을 소개하고 참여자가 무엇을 하기를 원하는지 설명해야 한다. 사람들은 간혹 토론 도구에 부정적인 반응을 보일 수 있다. 퍼실리테이터가 상황에 맞게 도구를 자신 있게 사용한다면 참여자들이 논의에 집중할 수 있어 건설적인 결과를 가져올 수 있다.

초보 퍼실리테이터는 한꺼번에 너무 많은 토론 도구를 사용하지 않도록 주의해야 하며, 충분히 연습한 후에 사용해야 한다. 퍼실리테이터는 경청하고, 질문하고, 참여를 관찰하고, 주제에 충실하고, 시간을 관리하고 그리고 논의된 내용을 플립차트에 기록해야 하기 때문에 매우 바쁘다. 어떤 도구가 실제로 어떻게 작동하는지에 대해 걱정할 수 있는 여유가 없다.

시간 관리

어젠다는 30분 단위로 구성하는 것이 좋다. 한 어젠다에서 시간을 초과하면 다른 부분에서 시간을 줄여야 한다. 퍼실리테이터는 시간을 체크하고 만약 논의 중인 어젠다에서 10분 이상 초과가 예상된다면 참여자들에게 알려야 한다. 그래야만 그들이 현재 논의 시간을 줄이거나, 다음에 진행할 논의 시간을 줄일 것인지를 선택할 수 있다. 참여자들에게 알리지 않고 시간과 프로그램을 변경하는 것은 바람직하지 않다. 갑작스러운 변경은 퍼실리테이터의 의도가 좋더라도 참여자들은 당황할 것이며, 매우 부정적으로 반응할 수 있다.

퍼실리테이터는 설계의 기본 구조를 유지하도록 해야 한다. 미리 정한 일정을 지키기 위해 흥미로운 논의를 중단해서는 안 된다. 의제의 어느 부분이 협상 가능하고, 어느 부분을 고수해야할지 확고히 해야 할 필요가 있다.

여기서 잠깐!

Question 5
워크숍 참가자 10명 중 3명이 계획보다 1시간 일찍 나가야 한다고 하면 어떻게 할 것인가?

Question 6
B사의 회사 비전에 관한 워크숍에서 당신은 그룹이 15분 동안 B사의 기업 특징 목록을 작성하는 소규모 그룹 토의를 진행했다. 5분 후, 3개의 그룹이 B사의 기업 특징을 논의하고 있는 반면 4번째 그룹은 경쟁사의 특징을 논의하고 있었다. 퍼실리테이터로서 어떻게 할 것인가?

Question 7
당신은 한 참가자가 10분간의 개인 행동을 하고, 5분이 지난 후에도 여전히 빈 종이를 들고 앉아 허공을 응시하고 있는 것을 발견했다. 그는 펜도 집어들지 않았다. 퍼실리테이터로서 어떻게 할 것인가?

워크숍 자료 수집과 활용

워크숍 자료가 중요한 이유는 두 가지이다.

- 워크숍 진행과 전반적인 내용을 가시적인 기록으로 이용
- 참석자, 스폰서 및 기타 이해당사자에게 워크숍 후 보고서를 제공하는 기초 자료

워크숍 자료는 일반적으로 두 가지 방법으로 수집된다. 첫 번째 방법은 플립차트나 화이트보드를 이용하여 아이디어, 논의 내용, 투표 결과를 기록하는 것이다. 두 번째 방법은 서기에게 정리할 시간을 주는 것이다. 첫 번째 방법은 퍼실리테이션 워크숍을 운영하는 데 필수적인 부분이고, 두 번째 방법은 워크숍의 상황에 따라 선택적으로 추가할 수 있다.

촬영이나 녹음도 워크숍 자료를 수집하는 데 사용될 수 있다. 이러한 방법은 매력적으로 보이지만, 동영상이나 녹음 파일을 재생하며 주목할 만한 아이디어를 골라내는 것은 길고 험난한 과정이다. 음질이 좋지 않은 경우가 많으며, 주변 소음으로 인하여 도움이 되지 않을 수 있다.

워크숍을 시작하기 전에 퍼실리테이터는 누가 어떤 정보를 기록해야 하는지를 결정해야 한다. 일반적으로 워크숍에서 작성한 플립

차트는 워크숍 보고서의 기초를 제공한다. 퍼실리테이터는 상황에 따라서 워크숍의 상세하고 복잡한 의견이나 결정을 기록하기 위하여 서기를 지명할 수 있다.

워크숍에서 서기를 두는 것을 반대하는 입장도 있다.

- 서기는 기록하기 바빠서 워크숍에 적극적으로 참여할 수 없다고 생각하기 때문에
- 서기는 기록하느라 논의에 참여할 수 없어 지루하고 재미없다고 생각하기 때문에
- 서기는 다양한 내용들과 워크숍 과정까지 세세하게 기록하며, 정리되지 않은 내용을 모두 기록하느라 에너지 낭비가 많다고 생각하기 때문에
- 퍼실리테이터가 구조화된 워크숍 도구를 능숙하게 사용하면 워크숍이 진행되는 동안 중요한 부분을 따로 표시할 수 있으므로 서기가 필요하지 않다고 생각하기 때문에

그러나 다음과 같은 경우에는 서기가 필요하다는 입장이다.

- 기록해야 할 복잡한 자료가 많기 때문에 서기를 두면 시간이 절약된다.
- 중요한 결정이 내려지고 있으며, 서기는 이중 안전장치 역할을 할

수 있다.

어려운 상황과 어려운 사람들을 다루는 것

시간 운영 기술

그룹 토론이 적절하고 유용한 것처럼 보이지만, 특정 주제에 대해 과열되면 다음 중 하나를 선택할 수 있다.

- 일단 토론을 멈추고 시간이 있으면 나중에 다시 논의하겠다고 약속하거나
- 워크숍의 다른 부분을 축소하고 일부 시간(예: 5~15분)을 할애한다는 점을 설명한다.

그러나 토론이 개인적인 의견 또는 워크숍 주제를 벗어나고 있는 경우, 퍼실리테이터는 참석자들의 편안한 분위기를 해치지 않으면서 다시 정상 궤도로 돌아오게 해야 한다. 다음 사항을 시도해 볼 수 있다.

"오늘 시간이 짧아서 걱정됩니다. 이 주제가 반드시 다루어야 할 의제에 포함되어 있지는 않기 때문에 워크숍 이후에 논의하면 어떨까요? (질문

에 대한 반응을 확인한 후) 자, 계속 논의해 볼까요?"

워크숍에서 많은 시간을 소비하는 또 다른 문제는 원점으로 돌아가는(진도가 나가지 않는) 토론이다. 이것은 종종 상황에 대한 두 가지 양극화된 견해가 있을 때 발생하며, 각 당사자는 상대방에게 자신의 의견을 설득하려고 한다. 필요 이상으로 과열된다면 퍼실리테이터는 참여자들에게 그들의 의견이 전달되었음을 확신시키면서 다음 의제로 이동시켜야 한다. 퍼실리테이터는 다음과 같이 진행할 수 있다.

"저는 우리가 이 문제에 대해 철저하게 논의했고, 서로의 견해를 잘 알고 있다고 생각합니다. 이 문제와 관련해서 나중에 다시 논의할 기회를 갖게 될 것입니다. 이제 다음으로 넘어가면 어떨까요?"

참여자 관리 기술

때때로 워크숍 참여자는 의제를 변경하거나 주제를 다른 방식으로 다루어야 한다고 주장함으로써 워크숍의 취지를 왜곡하고, 주도권을 뺏으려 한다. 이러한 상황은 일반적으로 워크숍이 시작될 때 나타나며, 다음과 같은 시나리오 중 하나에 의해 발생할 수 있다.

- 참여자는 그룹을 장악하는 데 익숙하며, 앉아 있는 것을 참지 못한다.
- 참여자는 주제에서 벗어난 중요한 안건을 가지고 있다.
- 참여자는 강한 인상을 남기기 위해 주도권을 잡으려고 한다.
- 참여자는 자신이 워크숍 진행에 대한 전문가이며 실제로 더 좋은 아이디어를 가지고 있다고 생각한다.

이런 경우에는 참여자에게 나중에 발언 기회가 있음을 알려주고, 부드러운 설득으로 계획된 설계를 고수해야 한다. 참여자가 전문 퍼실리테이터일지라도 당신이 워크숍에 대해서는 더 많은 준비를 해온 전문가임을 잊어서는 안 된다. 워크숍에서 참여자에게 주도권을 뺏긴다면 퍼실리테이터는 계획된 설계를 완전히 바꿔야 하며, 통제할 수 없는 최악의 상황과 마주칠 수 있다.

새롭게 추가할 의제가 있다면 참여자들과 간단히 토의한 후 포함시킬지의 여부를 결정해야 한다. 만약 그룹에 영향력 있는 구성원이 있다면 비밀 투표를 통해 영향력을 발휘하지 못하도록 해야 한다.

책임을 회피하는 그룹

문제를 분석, 토론 및 해결하도록 하는 워크숍의 경우, 참여자들은 문제를 외부의 탓으로 돌리거나, 자신들은 책임이 없다고 말하는 경향이 있다.

이것은 퍼실리테이터에게 좌절감을 줄 수 있다. 특히 짧은 기간 동안 그룹의 내부 프로세스를 개선하는 데 집중하도록 하는 것이라면 더욱 그렇다. 이 문제를 극복하기 위한 좋은 방법은 물리적으로 외부 문제와 내부 문제를 분리하는 것이다. 이것은 두 개의 개별 플립차트를 사용하여 두 문제를 논의할 수 있다. 이 기법은 참여자들에게 외부에 대한 불만을 털어놓을 수 있는 기회를 주는 동시에, 내부 문제에 집중시킬 수 있다.

만약 자신이 속한 집단을 비판할 수 없는 문화라면, 내부 문제에 대해서는 개인적으로 의견을 제시할 수 있도록 해야 한다. 개인의 제안은 A4 용지 또는 포스트잇에 작성한 후, '내부 문제'라는 제목의 플립차트에 붙일 수 있다

활력이 떨어진 워크숍

워크숍 에너지가 너무 낮을 때 참석자들은 참여하기를 꺼리고 열정이 사라진다. 다음과 같은 이유로 워크숍의 활력이 떨어질 수 있다.

- 활동 변화 부족
- 관련성 부족
- 워크숍 주제에 대한 명확성 부족

- 워크숍에 대한 믿음 부족
- 퍼실리테이터의 에너지 부족
- 목적이 불명확한 토론
- 물리적 환경 조성 부족(음료, 음식, 휴식 시간, 냉난방 등)

식사 후에는 워크숍의 에너지가 떨어질 수 있다. 특히 과한 음식과 음주는 참여자가 워크숍에 집중할 수 없기 때문에 주의해야 한다.

낮은 에너지는 구체적인 활동과 휴식을 통하여 에너지를 올릴 수 있다. 활동의 측면에서는 목적이 분명한 소그룹 활동이 효과가 있다. 참여자들의 생리적 욕구는 10분간의 휴식을 통해 해결할 수 있다. 휴식 시간이 없는 워크숍은 낮은 에너지를 더 바닥으로 떨어뜨릴 수 있다. 인간이 장시간 동안 최대 에너지를 유지한다는 것은 불가능하다.

만약 워크숍의 주제가 지루하다면, 퍼실리테이터는 주제를 핑계 삼지 말고 다양한 흥미로운 활동을 포함시켜 참여자들을 자극하고 관여할 수 있게 해야 한다. 초기 단계에서 낮은 에너지를 감지할 수 있는 방법을 알아보려면 바디랭귀지에 대한 이 장의 끝부분을 읽어 보라.

과도한 에너지의 워크숍

과도한 에너지의 워크숍은 재미있을 수 있지만, 신중하게 관리되어야 한다. 참석자들이 집중하고 참여하여 활기가 넘치는 워크숍은 문제가 되지 않는 반면, 참석자들이 통제 불능이 되는 떠들썩한 워크숍은 문제가 될 수 있다.

높은 에너지 워크숍이 통제 불능이 되는 경우는 드물지만, 통제할 수 없는 상황이 되어 가는 징후는 다음과 같다.

- 참석자들이 관련 없는 주제에 대해 큰 소리로 떠드는 것
- 참석자들이 모호하고 애매한 농담을 공유하는 것
- 참석자들이 서로를 놀리는 것(참석자들이 자기들끼리만 재미있어서 퍼실리테이터에게 집중하지 않는 것)
- 참석자들이 퍼실리테이터를 상대로 장난치는 것

휴식 시간에도 주제에 대해 활발한 토론이 이루어진다면 에너지가 올바른 방향으로 흘러가고 있는 것이다. 그러나 참여자가 많은 이야기를 함에도 불구하고 당면한 과제와 관련이 없다면 에너지가 잘못된 방향으로 흘러가고 있는 것이다.

    과도한 에너지는 다음 문제 중 하나에서 발생할 수 있다.

- 지루함
- 주제 관련성 부족

- 주제에 대한 명확성 부족
- 워크숍에 대한 믿음 부족
- 산만할 정도로 에너지가 넘치는 퍼실리테이터
- 그룹을 지나치게 통제하는 퍼실리테이터

퍼실리테이터는 참여자들에게 명확한 초점을 맞추고, 소그룹으로 나누어 적극적인 작업을 수행하게 함으로써 워크숍을 통제할 수 있다. 소그룹 발표는 높은 수준의 참여를 요구하고 참여자들에게 자신의 견해를 체계화하여 의견을 제시하도록 하기 때문에 특히 유용하다. 이 기법에 대한 전체 설명은 제3장을 참조한다.

사전 준비 부족

특정 그룹을 대상으로 한 워크숍을 요청받은 경우, 퍼실리테이터는 예상했던 것과는 다른 워크숍 상황으로 인해 여러 가지 문제에 직면할 수 있다.

- 퍼실리테이터가 전달받은 정보와 참여자들이 알고 있는 정보가 달랐다.
- 참여자는 워크숍에 대한 사전 과제를 수행하지 않았다.
- 퍼실리테이터가 예상한 참석자의 배경, 직무, 경험이 달랐다.

- 참석자들은 모두 다른 워크숍을 기대하고 있었다.
- 참석자에게 워크숍 시간이 잘못 전달되었다.
- 참석자들이 이전 워크숍에서 이미 이 주제를 다뤘다고 말했다.

퍼실리테이터는 참석자와 주제에 대해 가능한 한 많은 질문을 해야 한다. 그러나 위에 나열된 항목 중 일부는 피할 수 없으므로 발생하는 즉시 처리해야 한다. 각 항목은 아래에 명시되어 있다.

워크숍 사전 정보

퍼실리테이터는 가능한 많은 정보를 준비하고, 워크숍이 시작될 때 사전 배포한 문서를 참석자가 숙지했는지 확인해야 한다. 만약 참석자가 문서를 숙지하지 않았다면, 퍼실리테이터는 이를 인지하고 워크숍을 운영해야 한다.

워크숍 사전 준비

퍼실리테이터는 참석자들에게 사전 작업 과제를 요청하도록 하는 것이 좋다. 대부분 참석자의 50%만이 사전 작업 과제를 해오기도 하고, 일부 참석자는 워크숍이 시작되기 10분 전에 도착해서 과제를 완료하려고 한다. 강압적인 방법 말고는, 참석자가 필요한 준비를 하도록 동기부여 시키는 특별한 방법이 없기 때문에 사전 과제를 완료하도록 요청하는 것이 좋다. 왜냐하면 준비한 사람들이 그렇지 못한 사람에게 도움과 정보를 주는 것이 워크숍 시간을 절약할 수 있기 때문이다.

예상치 못한 참석자

예상치 못한 참석자가 참여한다면, 환영받는 기분을 느끼게 하고, 융통성 있게 행동해야 한다. 예상치 못한 참석자도 워크숍에 도움을 줄 수 있다.

그 사람이 누구인지, 그리고 무엇을 알고 있는지 확인해야 한다. 워크숍의 목표와 구조를 설명하고, 그 사람이 참여 자격이 있는지 확인한다. 만약 참여 자격에 문제가 없다면 참여시키고, 참여 자격에 문제가 있다면 참여시키지 않는 것이 좋다.

다른 것을 기대하는 참석자들

만약 모든 참석자들이 워크숍 내용에 다른 기대를 가지고 있다면, 그것은 사전에 발송된 잘못된 내용 때문일 수 있다. 이런 경우 당신은 두 가지 중 하나를 선택할 수 있다.

- 계획한 내용을 설명하고, 그 내용이 왜 참석자들에게 도움이 되는지 이유를 설명한다.
- (경험이 많은 퍼실리테이터라면) 어젠다 변경을 위한 협상을 하고, 변경된 워크숍에 대한 동의를 구한다.

참석자에게 잘못 공지된 시간

모든 참석자에게 시간이 잘못 공지된 경우, 시간을 조정해야 할 수도 있다. 참석자들이 더 긴 워크숍을 기대하고 있다면, 이것은 비교적 다루기 쉽다. 퍼실리테이터는 그룹이 더 심도 있는 논의를 위해 특정 주제를 선택하도록 허용할 수 있다. 그러나 참석자들이 더 짧은 워크숍을 기대하고 있다면, 퍼실리테이터는 계획된 주제 중 어느 것을 논의하고 어느 것을 제외할 것인지에 대해 그룹과 협의해야 한다.

중복된 워크숍

만약 참석자들이 다른 워크숍에서 이미 그 주제를 다루었다면, 퍼실리테이터는 그 전의 워크숍에서 무엇을 했는지 정확히 파악해야 한다. 이것은 이전 워크숍에서 다루었던 내용과 여전히 논의되어야 할 내용으로 나누어 진행할 수 있다. 논의해야 할 중요한 영역이 남아 있다면, 워크숍을 위한 구조를 신속하게 설계해야 한다. 그러나 해결해야할 중요한 영역이 남아 있지 않다면, 참석자들이 작성한 정보를 확인하고 워크숍을 취소해야 한다.

어려운 참석자

대부분의 참석자는 함께 하는 것을 선호한다. 그러나 때로는 한두 명의 참석자가 워크숍에서 문제를 일으킬 수 있기 때문에, 이런 상황을 대비하여 어려운 유형의 참석자를 어떻게 다뤄야 하는지 준비하는 것이 좋다. 일반적인 방법은 아래와 같다.

숨겨진 의도를 가진 워크숍 스폰서

때때로 스폰서는 퍼실리테이터에게 미리 결정된 결과나 숨겨진 의도를 가지고 워크숍을 운영하도록 요청할 수도 있다. 만약 워크숍이 미리 의도된 결과대로 진행되지 않을 경우, 의도된 결과를 위하여 참석자들을 유도해야 할 수도 있다. 이런 유도는 참석자들이 워크숍을 신뢰할 수 없으며, 결과가 조작되고 있다는 것을 알았을 때 분노와 좌절을 느낄 수 있다. 미리 결정된 결과나 숨겨진 의도는 참여자들이 쉽게 눈치 챌 수 있고 민감한 문제들에 대해서는 더욱 부정적으로 반응하게 된다. 그렇기 때문에 퍼실리테이터는 결정된 결과나 숨겨진 의제를 보다 개방적이고 정직한 방법으로 해결할 수 있도록 스폰서를 미리 설득해야 한다.

워크숍에 영향력을 행사하려고 하는 스폰서

스폰서가 워크숍에 참석하겠다고 고집한다면, 의도와 관계없이 이슈가 되는 주제에 대해 자신의 의견을 표현함으로써 워크숍을 장악하게 될 확률이 매우 높다. 많은 아이디어를 제시하는 스폰서는 참석자들의 입을 다물게 하며, 이는 다시 스폰서 자신이 더 많은 말을 해야 한다고 느낌으로써 악순환이 계속될 수 있다. 따라서 스폰서의 관여는 도입부 또는 마무리 부분으로 제한하는 것이 가장 좋다. 스폰서가 워크숍 참석을 고집할 경우, 워크숍에서 활발하게 아이디어가 나오지 않을 수도 있음을 사전에 자세히 설명해 주어야 한다.

전문가 또는 많이 아는 척하는 참여자

실제 전문가의 존재는 그 집단에 대한 자유로운 의견을 제한할 수 있다. 퍼실리테이터는 전문가에게 잠시 동안 침묵을 요청하여 영향을 통제하고, 자유로운 의견이 충분히 표출된 시점에서 전문가에게 추가 의견을 요청한다.

전문성 없이 워크숍을 지배하려는 참여자에게는 모든 참여자의 의견이 소중하다는 것을 알려야 한다. 만약 이 방법이 통하지 않는다면, 너무 오랫동안 이야기하지 않도록 중간에 역할을 제한해야 한다.

비공식적 소그룹

만약 워크숍 중에 참석자들이 주제와 관계없이 비공식적인 소그룹으로 이야기한다면, 다른 참여자들을 방해하고 짜증나게 만들 수 있으므로 즉시 그들을 자제시켜야 한다. 퍼실리테이터는 참여자 모두가 발언하고 경청할 수 있도록 운영해야 하기 때문이다. 그럼에도 불구하고 잡담이 계속되면 비공식적인 소그룹을 해체시키고 새로운 소그룹으로 나누어 과제를 수행하도록 한다.

소극적 참석자

소극적 참석자는 대규모 그룹의 논의에 참여하는 것을 불편해할 수 있다. 이런 사람들은 발언 기회가 많은 소그룹을 통해 쉽게 참여시킬 수 있다. 그러나, "다른 분들은 조용히 해주시고, 이 분의 말씀을 들어볼까요?"라는 당혹스러운 말로 소극적인 참석자를 참여시키려 해서는 안 된다. 이것은 그 사람이 수줍음뿐만 아니라 굴욕감을 느끼게 함으로써 상황을 더 악화시킬 수 있다. 그렇기 때문에 퍼실리테이터는 라운드 로빈(round robin, 한 번에 한 명씩 차례로 이야기하는 것) 같은 토론 도구를 이용하여 소심한 참여자가 발언하도록 강요하지 않으면서, 자연스럽게 더 많은 구성원들을 토론에 참여할 수 있게 해야 한다.

부정적인 참여자

워크숍에는 때때로 부정적인 참여자가 있다. 그들은 논의되는 모든 사항에 대해 논쟁하고, 부정적인 견해를 표현하며, 워크숍 전체가 시간 낭비라고 주장한다. 부정적인 참여자는 참을성 있게 다루어야 하지만, 만약 주어진 시간보다 더 오래 발언하기 시작한다면, 퍼실리테이터는 이를 명백하게 제한해야 한다. 그럼에도 불구하고 그런 행동이 계속된다면, 퍼실리테이터는 개인적으로 그 사람과 이야기를 나누어, 건설적이 되도록 하든지 아니면 워크숍을 떠나라고 요청해야 한다. 어떤 경우에도 파괴적인 행동이 계속되도록 해서는 안 된다.

바디랭귀지

워크숍의 성공을 위해서는 참여자들의 바디랭귀지를 알아채는 것이 중요하다. 참여자들은 행복하거나, 불행하거나, 명확하거나, 불명확하거나, 흥미롭거나, 지루하거나, 침착하거나 당황하거나 하는 것을 말로 표현하지 않는다. 따라서 바디랭귀지를 통해 수집된 참여자의 마음 상태에 대한 추가 정보는 퍼실리테이터가 어떤 질문을 해야할지, 명확하게 해야 할 것이 무엇인지, 활동을 언제 바꿀 지를 판단하는 데 유용한 정보가 된다.

바디랭귀지와 관련하여 아래 내용을 참고해 보자.

손과 팔의 제스처

손동작은 사람이 느끼는 방식에 분명한 힌트를 줄 수 있지만, 여러 가지 동작이 상당히 비슷하기 때문에, 이러한 것들은 주목할 필요가 있다. 일반적인 예는 아래와 같다.

- 코를 문지르거나 눈을 비비거나 입을 가리는 것
  코를 문지르거나 눈을 비비거나 입을 가리는 것은 참여자들이 말하는 것에 대해 불확실함을 느끼거나, 퍼실리테이터의 말을 신뢰하지 못할

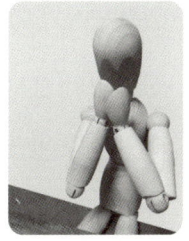

때 나타난다. 만약 퍼실리테이터가 말하는 동안 여러 참여자들이 이런 제스처를 사용하고 있다면 퍼실리테이터는 말하고 있는 내용을 분명히 하고 사실을 근거로 사례를 뒷받침해야 한다. 그럼에도 불구하고 이런 제스처를 계속한다면 참여자들에게 그들의 관심사가 무엇인지 물어볼 필요가 있다.

- 귀를 만지는 것

귀를 만지는 것은 참여자가 충분히 들었음을 나타내는 제스처이다. 만약 많은 참여자들이 이런 행동을 하고 있다면, 특정 발언이 오래 지속되고 있어 줄여야 한다는 것을 퍼실리테이터는 알아채야 한다. 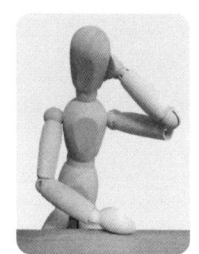 귀를 앞으로 당기는 것은 말하고 싶은 욕구를 나타낸다. 이것은 참여자가 언제 참여를 하고 싶은지를 아는 좋은 방법이다. 퍼실리테이터가 개입하여 참여하도록 부드럽게 요청할 수 있다. "뭔가 덧붙일 말씀이 있으신가요. 선생님?"

- 집게손가락으로 목 긁음

집게손가락으로 목을 긁는 것은 의심 또는 불확실성을 나타낸다. 퍼실리테이터가 결정을 내리려고 할 때, 한두 명의 참석자가 이런 제스처를 하고 있다면 당신은 그들에게 의견을 물어볼 수 있다.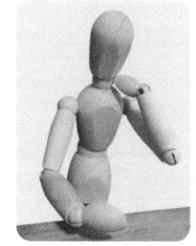

- 뒷목 잡기

    뒷목을 잡는 것은 말하고 있는 것에 대한 불편함을 나타내거나, 감정이 폭발하기 전의 좌절이나 분노의 표현이다. 참여자의 감정이 폭발하기 전에 퍼실리테이터는 그들의 감정을 표출할 수 있도록 조치해야 한다. (단, 목이 불편해서 이런 제스처가 나올 수도 있다.)

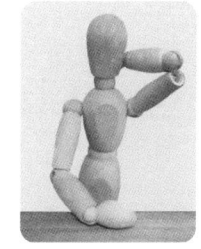

- 머리에 손 올리기

    머리에 손을 올리는 것은 지루함을 나타낸다. 활동을 변경하거나 현재 활동에 자극을 주어 참여하게 해야 한다.

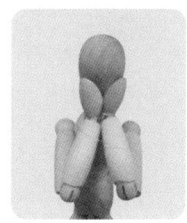

- 손으로 턱을 괴고, 검지가 뺨을 따라 위쪽을 향함

    손으로 턱을 괴고, 검지가 뺨을 따라 위쪽을 향하는 동작은 그 사람이 듣고 있고, 말하고 있는 것에 대한 장단점을 고려한다는 것을 나타내는 것으로 참여자들이 워크숍에 참여하기 좋은 심리 상태이다.

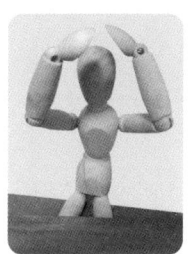

- 턱을 만지는 것

    턱을 만지는 것은 참여자가 주의를 기울이고, 말하는 것을 진지하게 받아들이고 있다는 것

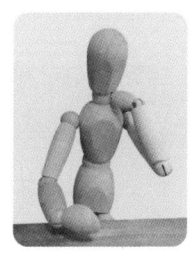

을 보여 주기 때문에 좋은 징조다.

- 테이블 위에 손을 꼭 쥐거나 팔꿈치를 테이블 위에 올린 제스처

  테이블 위에 손을 꼭 쥐거나 팔꿈치를 테이블 위에 올린 제스처는 좌절감을 느끼거나 적대감을 느끼고 있음을 나타낸다. 꽉 쥔 손이 올라갈수록 좌절감이나 적대감은 더욱 심해진다. 퍼실리테이터는 그 참여자가 좌절감과 적대감을 느끼는 부분에 대해서 의견을 말할 수 있게 해야 한다.

  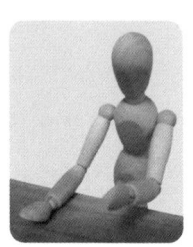

- 팔짱을 낀 것

  팔짱을 끼는 것은 그 상황으로부터 스스로 차단하기를 원한다는 표현이다. 이런 제스처는 방어적이거나 부정적인 자세이다. 건설적인 활동이나 토론에 참여하도록 유도해야 한다.

  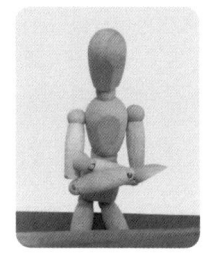

- 손은 머리 뒤로, 팔은 어깨 위로, 팔꿈치는 상대방을 향하는 것

  손을 머리 뒤로, 팔을 어깨 위로, 팔꿈치를 상대방을 향하게 하는 것은 이 주제에 대해 매우 편안함을 느끼고 있다는 표현이다. 그것은 또한 오만함을 나타내는 것일 수도 있다.

  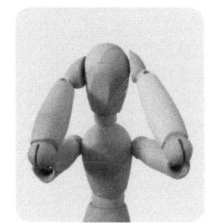

참여자가 이 마지막 자세(손은 머리 뒤로, 팔은 어깨 위로, 팔꿈치는 상대방을 향하는)를 취하는 경우, 대개 자신이 이 분야에서 경험을 인정받기를 원한다는 것을 나타낸다. 이럴 때는 "이 분야에서 많은 경험이 있으시군요. 선생님?"또는 "이 주제에 대해 어떻게 생각하십니까?"라고 질문을 통해 제스처를 변화시켜 참여를 유도한다. 만약 이런 제스처를 무시한다면, 결국 개인은 그룹으로부터 분리될 것이고, 참여하지 않을 수도 있다.

만약 그룹 전체가 이 마지막 자세를 보이고 있다면 퍼실리테이터는 토론이 어수선한 분위기가 되어 건설적이지 않다는 것을 알아야 한다. 이때가 활동을 바꿔야 할 좋은 때다.

다리 제스처

- 다리를 아래로 하여 교차하는 것

다리를 아래로 하여 교차하는 것은 상당히 정상적인 자세로서, 그 자체로는 어떤 의미도 없다. 그러나 십자 다리 방향은 중요한 의미를 가질 수 있다. 만약 다리가 상대를 향해 있다면, 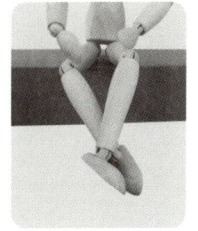 좋은 관계를 의미하고, 그 반대인 경우는 어색한 관계이다. 이러한 제스쳐는 소그룹 활동을 운영할 때 유용하며, 참여자들이 서로 얼마나 교류하고 있는지를 알 수 있는 좋은 정보이다.

- 다리를 꼬는 것

  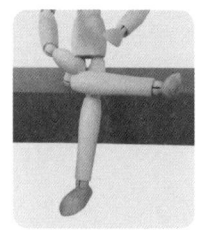

  다리를 꼬는 것은 참여자가 마음속으로 논쟁하고 있을 수도 있지만, 드러내지 않는 한 이것은 문제가 없다. 퍼실리테이터는 이 경우 참여자를 미니 발표와 같은 책임 있는 활동에 참여시켜 워크숍에 기여하게 할 수 있다. 그러나 참여자가 논쟁에 휘말리는 경우에는 쉬는 시간에 참여자와의 대화를 통해 상황을 파악해야 한다.

- 발이 교차하고, 발목을 함께 움직이는 것

  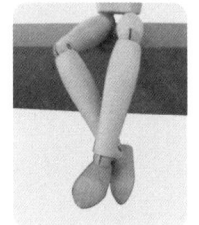

  발이 교차하고, 발목을 함께 움직이는 것은 사람이 방어적인 감정을 느끼거나 분노, 좌절, 두려움과 같은 부정적인 감정을 억누르고 있음을 나타낸다. 상사와 부하직원이 함께 하는 워크숍에서 직원들을 통해 종종 볼 수 있다. 이것은 직원들이 뒤로 물러서거나 방어적인 기분을 느끼고 있음을 나타낸다. 이는 토론이 공개적이지 않고 정직하지 않으며, 의견 수렴을 위해 비밀 투표가 필요할 수도 있음을 말해 준다.

워크숍 실행 과제와 역할 분담

워크숍 동안 중요한 문제를 다루거나 특정 과제를 수행하기 위해 개인에게 실행할 역할을 부여할 필요가 있다. 개인별 역할은 전지를 벽에 붙이고, 굵은 글씨로 실행 목록을 적는 것이 좋다. 역할 목록은 워크숍에 참석한 사람들에게만 해당된다. 워크숍에 참여하지 않은 외부자가 수행할 과제가 있다면, 워크숍 참여자 중 특정인을 정해서 대화 또는 메모를 통해 구체적으로 과제가 수행될 수 있도록 해야 한다.

주차장(Parking Lot) 활용

워크숍에서 중요한 문제가 제기되었는데 논의할 시간이 부족하거나, 문제의 당사자가 없거나, 워크숍 주제 범위에 포함되어 있지 않아 논의할 수 없는 경우가 발생할 수 있다. 이때 퍼실리테이터는 플립차트 또는 화이트보드에 '이슈'라고 분명히 표시한 후 이 문제를 기록해야 한다. 이런 방법을 통해 참여자가 중요한 문제를 제기하더라도, 워크숍이 불필요하게 옆길로 빠지지 않도록 관리할 수 있다.

워크숍 종료 시 이슈 목록을 재검토하고, 워크숍 보고서를 통해 외부 사람들과 문제를 해결할 수 있는 특정 관계자들이 문제를 알 수 있도록 해야 한다.

결정하기

만약 워크숍의 목적이 중요한 결정을 내리는 것이라면, 이것은 신중하게 이루어져야 한다. 의사결정에 대한 규칙은 그 후에 논쟁이 발생하지 않도록 명확해야 한다. 대표적인 워크숍 의사결정 규칙의 예는 아래와 같다.

참석자가 여러 가지 항목 중에서 선택해야 하는 경우:
- 득표수가 가장 많은 안을 채택한다.
- 득표수가 가장 많은 대안 중에 참여자의 50% 이상이 선택한 경우에만 채택한다.
- 득표수가 가장 많은 대안 중에 참여자의 80% 이상이 선택한 경우에만 채택한다.

안건에 대하여 간단하게 '예' 또는 '아니요'로 결정할 경우:
- 참여자의 50% 이상이 '예'라고 대답하면 채택한다.
- 참여자의 80% 이상이 '예'라고 대답하면 채택한다.
- 참여자 아무도 '아니요'라고 대답하지 않으면 채택한다. (침묵은 동의)

워크숍 분위기가 투명하고 개방적이라면 공개 투표가 좋다. 그렇지 않으면 비밀 투표가 필수적이다(제3장 참조). 공개 투표를 할 때는 특히 의사결정 워크숍에서 자주 사용되는 '침묵은 동의', 규칙의 속성을 알고 있어야 한다. 영향력 있는 관리자가 함께하는 경우, 이 규칙은 역효과를 낼 수 있다. 어떤 참여자들은 영향력 있는 관리자가 확고한(많은 정보에 기반을 둔) 견해를 가지고 있을 때, 침묵을 지켜야 한다는 압박감을 느낄 수도 있다. 또한 대안을 고려하는 데 더 많은 시간이 필요한 참여자들의 견해를 파악하지 못할 수도 있다.

워크숍 종료

퍼실리테이터는 전체 그룹을 모아서 논의된 내용들을 점검하며 공식적으로 워크숍을 마무리 한다. 이 시점에서 대다수 또는 가장 적극적으로 참여한 사람들의 견해에만 집중하기보다는 주어진 모든 견해를 요약하기 위해 특별한 주의를 기울여야 한다.

다음에 일어날 일에 대한 명확성이 중요하다. 실행 계획이 수립되면 퍼실리테이터는 행동 목록을 작성하고 공유하도록 준비해야 한다. 그렇지 않으면 이 정보가 손실될 수 있다. 명확하고 간결한 자료는 참여자와 워크숍에 참석하지 않은 사람들이 워크숍에서 논의한 정보를 파악하고 분석하는 데 도움이 된다. 필요하다면 후속 회의도 계획해야 한다.

여기서 잠깐!

Question 8
당신은 6명의 사용자 그룹이 컴퓨터 시스템 시제품을 평가하도록 하는 것을 목표로 하는 워크숍을 운영하고 있다. 당신은 시제품 운용을 시작하고 그룹을 둘러보았을 때, 핵심 사용자인 한 참석자는 턱을 괴고 창밖을 바라보고 있다. 퍼실리테이터로서 어떤 조치를 취해야 하는가?

Question 9
당신은 10명의 프로젝트 관리자를 대상으로 '회사 프로젝트 관리절차 개선 워크숍'을 진행하고 있다. 당신의 첫 번째 활동은 그룹이 현재 절차의 모든 장단점을 나열하도록 하는 것이다. 당신이 참여를 요구할 때, 두 명의 프로젝트 매니저가 그룹의 나머지 활동을 무시한 채 자기들만의 목록을 작성하고 있다는 것을 알게 되었다. 퍼실리테이터로서 어떤 조치를 취해야 하는가?

Question 10
고객 서비스 운영 방법에 대한 몇 가지 핵심사항을 결정하는 매우 건설적이고 활기찬 하루 워크숍이 막바지에 이르렀다. 이때 두 명의 비즈니스 관리자가 팔짱을 끼고 앉아 있다. 퍼실리테이터로서 어떤 조치를 취해야 하는가?

CHAPTER 5

워크숍 환경

THE WORKSHOP ENVIRONMENT

> 자신의 길을 분명히 하는 것은
> 혼란스럽고 격렬한 존재 속에 있는 모든 인간들의 열망이다.
> 조셉 콘래드

우리는 퍼실리테이션이 관련 콘텐츠를 조사하고 워크숍을 계획하는 것과 같은 프로세스 측면에 국한되어 있다고 생각할 수 있다. 그러나 물리적인 워크숍 환경도 매우 중요하다. 퍼실리테이터는 토의에 적합한 워크숍 환경을 만듦으로써 워크숍 운영에 큰 변화를 줄 수 있다.

만약 당신이 그룹을 대상으로 다양한 행사를 진행한 경험이 많다면, 당신은 이 장의 많은 부분을 이미 이해하고 있을 것이다. 만약 그렇지 않다면, 반복해서 읽고, 진행을 위해 기억해야 할 사항들이 포함된 예상 체크리스트를 만들어야 한다.

퍼실리테이터는 워크숍을 최대한 효과적으로 운영하기 위해서 아래에 열거된 환경적 요인을 철저히 계획하고 준비해야 한다. 그리고 워크숍의 많은 부분을 직접 점검해야 한다.

위치

대부분의 조직들은 내부에 회의실이 있다. 만약 외부에서 워크숍을 개최한다면 참여자들이 워크숍에 몰입하도록 관리하기 용이하지만, 조직 내 회의실에서 워크숍을 개최한다면 휴식 시간에 참여자들이 사무실로 돌아가 업무에 매달리는 등 워크숍에 몰입하지 못하게 하는 여러 가지 위험에 처하게 될 것이다. 퍼실리테이터는 워크숍 중단 및 복귀 시간에 대해서도 매우 엄격하게 관리하여야 한다. (157~159쪽 참조)

회의실 환경은 신선한 공기와 쾌적한 온도가 구비된 통풍이 잘 되는 밝은 방이 좋다. 회의실 창문에서 멀리 내다볼 수 있는 것은 특히 창의적이고 장기적 관점의 사고에 도움이 된다. 만약 환경에 대한 선택의 여지가 없어, 덥고, 칙칙하고, 창문이 없다면, 회의실 환경 조성에 더욱 신경 써야 한다.

장비와 물품

워크숍에 필요한 몇 가지 장비와 물품은 다음과 같다.

- 펜과 종이, 플립차트 또는 전지
- 빔프로젝터 및 레이저포인터
- 화이트보드와 마커펜

가장 쉽고 유연하게 사용할 수 있는 것은 플립차트다. 참여자들이 무엇을 쓰고 있는지 볼 수 있고, 종이를 뜯을 수 있고, 벽에 붙여 놓고 워크숍의 기록으로 보관할 수 있기 때문에 12명 정도의 워크숍에 안성맞춤이다. 플립차트 사용 시 주의할 점은 평소보다 글자 크기를 크게 써야 한다는 것이다.

(예) 평상시보다 크게 써야 한다.

워크숍을 시작하기 전에 플립차트에 미리 글자를 써 보고, 먼 거리에서도 읽을 수 있는지 확인해야 한다.
 빔프로젝터는 자료를 설명하는 데는 용이하지만 말한 내용을 기록하기는 어렵다. 자료를 수정하는 동안 참석자들이 그 내용을 볼 수도 있고, 빔프로젝터의 설정이 제대로 되지 않아 사용할 수 없는 경우도 종종 발생한다. 동영상의 음향이 나오지 않거나 혹은 빔프로젝터의 화면이 계속 흔들리는 경우도 있다. 참여자들이 기다리면서 시간을 낭비하지 않도록 빔프로젝터의 상태를 확인해야 한다.

화이트보드는 제한된 양의 정보를 기록하는 데 적합하다. 다이어그램의 일부분을 지우거나 다시 그릴 수 있기 때문에 마인드맵(제3장의 마인드맵 설명 참조)에 특히 유용하다. 만약 출력이 가능한 전자칠판을 사용할 수 있다면, 기록한 정보를 종이에 출력한 후 전자칠판의 내용을 지우고 계속 진행할 수 있다.

화이트보드를 사용할 때 한 가지 주의해야 할 것이 있다. 쓰기 전에 먼저 펜의 상태를 확인해야 한다. 펜이 제대로 나오지 않아 당황하거나, 플립차트 펜을 화이트보드 펜으로 착각해서 화이트보드에 쓴 글씨가 지워지지 않는 경우도 있다(특수 세정액은 있지만 거의 준비되어 있지 않다). 기밀 자료를 다루는 워크숍을 운영할 때 특히 당황할 수 있으므로 화이트보드의 글자를 지울 수 있는지 확인해야 한다.

자리 배치

테이블이 참석자들 간의 장벽 역할을 하기 때문에 워크숍에서 테이블이 없으면 훨씬 더 친밀감을 느낄 수 있다. 그러나 테이블은 글을 쓸 때 몸을 의지할 수 있고, 서로 친숙하지 않은 참석자들에게 필요한 심리적 안정감을 제공한다.

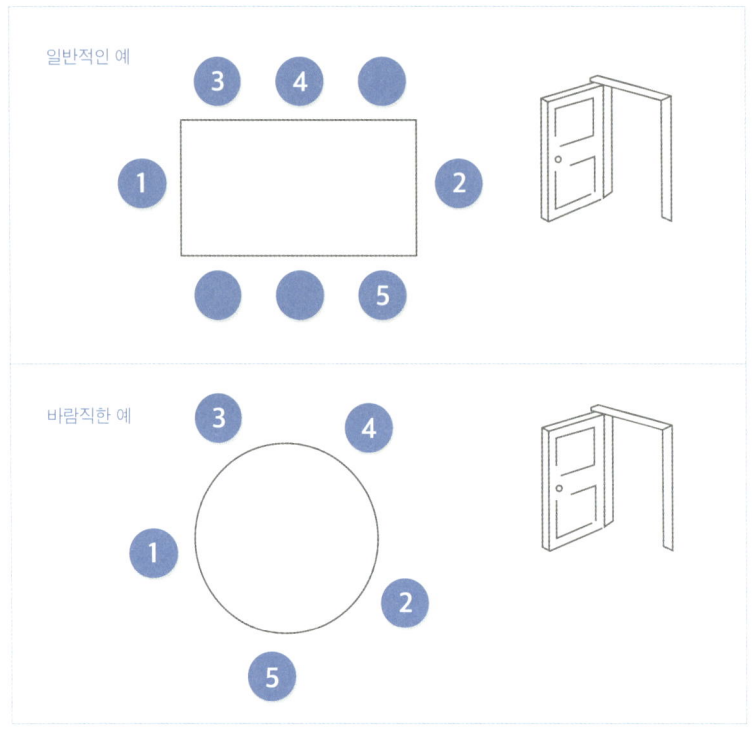

[그림 5.1] 워크숍 자리 배치

참석자들이 서로의 눈을 볼 수 있도록 자리를 배치해야 한다. 참석자들이 많아 두 줄 또는 세 줄이 만들어져 서로의 얼굴을 볼 수 없는 구조는 바람직하지 않다. 아이컨택은 그룹 의사소통에 매우 중요하다. 원탁이 가장 좋지만 준비하기가 어렵다면, 직사각형의 테이블로 바꾸어야 하는데 이 경우 자리 배치에 더욱 신경 써야 한다.

([그림 5.1] 참조)

퍼실리테이션 워크숍에서는 일반적으로 직사각형 테이블의 자리 배치를 많이 사용한다. 여러분은 자리 배치를 고려하지 않은 수많은 워크숍이나 회의에 참석한 경험이 있을 것이다. 그러나 누가 어디에 앉는가에 따라 그룹의 역동성이 근본적으로 바뀔 수 있다는 것을 아는 것이 중요하다.

일반적으로 조직에서 회의를 할 때 누가 문 앞에 앉아 있는가? 리더인가, 아니면 리더가 되고 싶은 사람인가? 어린 시절을 회상해 보자. 누가 저녁식사에 식탁 중앙에 앉아 문을 마주보고 있었는가? 아마 그 집안의 가장이었을 것이다. 너무 심각하게 고민하지 않아도 되지만, 퍼실리테이터는 누가 어디에 앉는지를 인지하고 자리 배치가 미치는 영향을 이해해야 한다.

[그림 5.1]의 자리 위치는 권력과 영향력 순으로 번호가 매겨진 연구 결과이다.

1번 자리: 가장 영향력 있는 위치로 출입문의 안쪽 테이블 끝에 있다.
2번 자리: 두 번째로 영향력이 큰 위치로 1번의 테이블 반대쪽에 있다.
1번과 2번은 서로 직접 대면하기 때문에 갈등이 발생할 수도 있다.
3번 자리: 세 번째로 영향력이 큰 위치로 1번과 가장 가까운 사람이다.

퍼실리테이터가 상대하기 까다로운 참석자들이 있는 경우, 1번 위치에 앉아 문을 마주하고, 2번 위치에 우호적인 참여자를 두어야 한다. 만약 그룹 내에 알려진 문제 해결사가 있다면, 그 사람은 1번이나 2번 자리를 제외한 자리에 앉도록 권유해야 한다.

명패를 사용하여 참석자들이 정해진 좌석에 앉도록 유도할 수 있지만, 이것은 워크숍을 지나치게 구조화된 분위기로 만들 수도 있다. 새롭게 그룹을 만들어 소그룹으로 참여할 수 있도록 배치한다면 참석자들을 자연스럽게 움직이게 할 수 있다.

안전사고 예방

사용하는 모든 장비가 안전한지 확인해야 한다. 일반적인 문제로는 빔프로젝터 케이블에 걸려 넘어지는 것, 플립차트 스탠드가 쓰러지는 것 등이 있다. 빔프로젝터 케이블은 밝은 색 테이프로 고정시켜야 한다. 워크숍에 앞서 플립차트 스탠드 및 빔프로젝터 케이블을 점검하여 안정성을 확보해야 한다.

화재 발생 시 참석자가 출구 대피 경로를 알 수 있도록 해야 한다 (일반적으로 법으로 규정되어 있다). 관련 규정에 의하면 회의실의 문 주변에 부착하도록 되어 있고 참석자들이 쉽게 볼 수 있다.

식사와 다과 준비

음식과 음료는 약속대로 제시간에 도착해야 하며, 식거나 너무 마른 상태로 방치해서는 안 된다. 뷔페 메뉴가 코스 요리보다 더 좋을 수 있는데, 워크숍의 진행 속도를 유지하는 데 도움을 주기 때문이다. 특히 호텔에서 앉아서 하는 식사는 매우 느리고 격식을 차리게 된다.

만약 뷔페를 선택한다면, 좋은 선택이겠지만 퍼실리테이터는 참여자들이 음식을 먹는 동안 워크숍의 주제가 계속 토의될 거라고 기대하지 말아야 한다. 이건 기본이다.

무겁고 기름진 음식은 사람들의 생각을 느리게 한다. 가벼운 음식과 과일이 더 적당하다. 술은 사람을 졸리게 만들기 때문에 피해야 한다.

휴식 시간

휴식 시간은 참여자들이 개인적인 용무를 볼 수 있도록 약속대로 지켜져야 한다. 만약 휴식 시간이 늦어질 경우, 퍼실리테이터는 참여자들에게 '지금 화장실에 다녀와야 한다.'와 같은 정보를 미리 알려 줘야 한다. 예정된 일정이 있고, 연락을 기다리는 사람이 많은 참여자들은 휴식이 늦어지면 매우 짜증이 날 수 있다.

그룹 활동 영역

프로그램에서 소그룹 활동을 수행하도록 선택한 경우, 그룹이 활동할 공간이 있는지 확인해야 한다. 간단한 소그룹 활동은 워크숍 장소에서 각각의 공간을 지정하여 함께 할 수 있지만, 전체 공간이 좁다면 각 그룹들에게 다른 그룹의 토의 내용이 들리기 때문에, 산만해진 상태에서 워크숍 활동을 해야 한다.

대부분의 호텔이나 회의 시설에는 그룹이 모여 앉아 그들에게 할당된 업무를 수행할 수 있는 개방된 공간이 있다. 그러나 퍼실리테이터는 호텔이나 회의 시설이 공개된 장소에서는 민감하거나 복잡한 문제가 논의되지 않도록 주의해야 한다. 왜냐하면 이것은 토의의 개방성을 해치고 발언에 대한 위험 부담을 줄 수 있기 때문이다.

만약 당신이 이상적인 해결책인 소규모 회의실을 사용할 수 없다면, 플립차트 또는 화이트보드를 이용하여 그들만의 공간을 만들 수 있는지 확인해야 한다.

회의 중단

퍼실리테이터는 메시지 전달 시스템을 설치하여 워크숍 세션의 중단을 예방해야 한다. 간단한 방법으로는 회의실 문에 큰 봉투를 부착하여, 전달하고자 하는 메시지를 남겨 달라고 안내하는 것이다. 쉬는 시간에 메시지를 모아 참여자들에게 전달한다. 참여자와 함께 시스템을 확인하고, 현장 지원 인력과 함께 메시지의 유무를 관리해야 한다.

때때로 워크숍 참여자들은 분위기를 주도하면서 회의실에 들락날락하는 것이 괜찮다고 생각할 수도 있다. 이런 생각은 가급적 그라운드룰 수립 단계에서 단념시켜야 한다. 왜냐하면 참여자가 들락날락하는 것은 다른 참여자들의 논의를 반복하게 하며 시간을 낭비시켜, 워크숍이 원활하게 진행되지 않는다는 느낌을 줄 수 있기 때문이다.

휴대폰 사용

워크숍이 시작될 때 휴대폰은 휴식 시간에만 사용해야 한다는 점을 분명히 해야 한다. 참석자들에게 세션 중에는 휴대폰을 끄거나 무음 처리 하도록 요청하고, 이것이 워크숍을 모두에게 더 가치 있게 만든다고 설명한다.

펜과 종이

워크숍에 자주 참여하는 참석자들은 자신의 펜과 종이를 워크숍에 가지고 오겠지만, 그렇지 않은 사람들도 있다. 퍼실리테이터는 누구나 사용할 수 있는 펜과 종이를 준비해야 한다.

명패 또는 명찰

워크숍 참석자들이 서로 친숙하지 않다면, 그들이 서로의 이름을 기억할 수 있도록 도와주는 몇 가지 방안을 준비하는 것이 좋다. 이를 통해 워크숍 내 소통이 더 원활해지고 그룹이 더 빨리 단합되는 효과가 있으며, 이는 긴 시간의 워크숍을 운영할 경우 특히 중요하다. 명찰이 이상적이지만 명패도 효과가 있다. 워크숍에서 명패의 유일한 문제는 사람들이 많이 움직이므로 책상에 고정할 수 없어 효과가 떨어진다는 것이다.

> **여기서 잠깐!**

Question 1
당신의 스폰서는 경영진이 참석하는 워크숍을 사내 회의실에서 열어 참석자들이 긴급한 문제를 논의할 수 있도록 해야 한다고 제안한다. 퍼실리테이터로서 어떻게 할 것인가?

Question 2
당신이 회의실에 도착해 보니 좌석은 카페 형으로 배치되어 있다. 이 장소에는 다섯 개의 작은 원형 테이블이 있고, 각각 네 개의 의자가 놓여 있다. 16명의 참석자가 예정되어 있고 여분의 가구는 없다. 퍼실리테이터로서 당신은 어떻게 자리를 배치할 것이며, 그 이유는 무엇인가?

Question 3
당신은 새로운 제품에 대한 아이디어를 도출하기 위해 워크숍을 운영하고 있다. 특히 기존 제품을 25년 동안 작업해 온 한 참석자에 대하여 주의하도록 들었고, 그 제품에는 아무런 문제가 없다. 그는 이 새로운 제품 개발에 대하여 매우 적대적이며, 문 쪽으로 등을 대고([그림 5.1]의 위치 2에 해당함) 테이블의 반대쪽 끝에 앉아 있다. 퍼실리테이터로서 당신은 그의 자리를 바꿀 것인가? 만약 자리를 바꾼다면 어떻게 할 것인가? 만약 자리를 바꾸지 않는다면, 이유는 무엇인가?

FACILITATION
made easy

CHAPTER **6**

워크숍
후속 조치

WHAT TO DO
AFTERWARDS

내일을 오늘로 빛내라!
엘리자베스 배럿 브라우닝

워크숍은 성과가 있어야 한다. 워크숍은 더 큰 과정의 일부이므로 워크숍이 끝난 후 그 결과를 워크숍의 관계자 모두에게 신속하고 명확하게 전달해야 한다. 이를 위한 최선의 방법은 간결하고 정확한 결과 보고서를 작성하는 것이다.

워크숍에 참석한 참여자에게 아무런 후속 조치를 하지 않는 상황은 없어야 한다. 워크숍의 결과 보고서가 없으면 참석자는 자신의 노력이 헛되고, 시간 낭비라고 생각할 것이다. 경영진은 워크숍이 단지 직원들의 의견을 모았을 뿐이라고 생각할 수 있으며, 워크숍에 참여하지 않은 다른 직원들은 워크숍이 효과가 없거나 다른 의도가 숨어 있다고 의심할 것이다. 이것은 다음번에 진행할 워크숍에 전혀 도움이 되지 않는다.

워크숍이 시작되기 전에 워크숍 이후 보고서의 내용도 명확하게 고려해야 한다.

워크숍에서 논의되는 내용(기록, 의사결정 방법, 결과물 도출 등)은 워크숍 분위기에 영향을 미친다. 만약 누가 무엇을 말했는지를 기록하고 공유할 계획이라면, 워크숍에서 서기의 역할이 필요하며 참여자들은 자신이 하는 말에 상당히 주의를 기울일 것이다. 그러나 단순히 워크숍의 결과(도출된 아이디어, 투표 결과 등) 만을 기록하고 공유할 것이라면 서기의 역할은 필요하지 않으며, 논의는 더 유동적이고 개방적일 것이다. 후자의 경우 토론 도구를 사용하여 토론 및 견해를 정리하고 기록해야 한다. (토론 도구에 대한 설명은 제3장 참조)

참여자들에게 알리기

퍼실리테이터는 참여자에게 워크숍 결과 보고서를 제공해야 한다. 퍼실리테이터와 스폰서는 참여자가 워크숍에 참석했기 때문에 보고서를 제공할 필요가 없다고 생각할 수도 있다. 그러나 참여자들은 워크숍 결과물이 이해관계자들에게 어떻게 전달되었는지 그리고 워크숍의 결과로 어떤 변화가 일어날지 알고 싶어 할 것이다. 수차에 걸쳐 진행되는 워크숍의 일부인 경우 참여자는 다른 워크숍에서 어떤 일이 일어나고 있는지, 다른 사람의 의견이 자신의 견해와 어떻게 다른지 알고 싶어 할 것이다. 이것은 참여자들이 워크숍 전체를 이해하고, 자신이 제안한 것과 다르게 결정이 나더라도 이를 수용하는 데 도움이 될 것이다.

워크숍 스폰서에게 알리기

워크숍 스폰서는 논의된 내용, 결정된 사항, 도출된 아이디어 및 관심사가 무엇인지 알고 싶어 할 것이다. 특히 비밀 투표로 진행된 경우, 퍼실리테이터는 참여자들과의 비밀이 유지될 수 있도록 주의해야 한다. 스폰서가 원하더라도 개개인의 의견보다는 워크숍의 관점에서 전체적으로 보고해야 한다.

이해관계자에게 알리기

이해관계자도 워크숍의 결과물에 관심을 가질 수 있다. 어떤 정보가 누구에게 유용한지 주의 깊게 생각해야 하며, 민감한 정보는 오해나 억측을 피하기 위해 신중하게 다루어져야 한다.

보고하기

퍼실리테이터는 워크숍 후에 다음과 같이 보고서를 작성해야 한다.

- 워크숍에서 다룬 내용
- 토론 프로세스
- 토론 운영 방식
- 주제별 소요 시간
- 도출된 아이디어
- 아이디어 평가 방법
- (토론에서) 작성된 도표
- 아이디어별 득표 결과
- 결정된 항목
- 실행해야 할 항목
- 제기된 이슈

워크숍의 보고서는 명확하고 간결해야 한다. 퍼실리테이터의 주관적인 의견이 보고서의 일부가 되어서는 안 되며, 보고서의 내용은 추측이 아닌 사실을 기반으로 양식에 맞춰 작성해야 한다. 보고서는 관련자(참여자, 스폰서 등)에 맞게 서식과 내용을 반영해서 지금까지 진행된 결과와 앞으로 예상되는 과정을 기술해야 한다.

워크숍에서 논의되는 내용은 정성적인 것보다 정량적인 것이 보고하기 쉽고 표현하기 쉽다. 제시된 모든 정량적 데이터에 대해 명확한 맥락을 제시하고 사용된 용어나 기호를 설명해야 한다. 워크숍에 참석하지 않은 사람들을 위해 워크숍에서 작성된 플립차트 사진을 첨부할 수도 있다

워크숍에서 도출된 결과물을 어떻게 보고하는지는 아래 결과물 A에 표시되어 있다. 이 보고서는 참여자들이 회사 평가 시스템에 대해 어떻게 생각하는지 알기 위한 워크숍에서 작성되었다.

결과물 A

워크숍에는 9명이 참여했다. 많은 논의를 거쳐, 그룹은 8가지의 효과적인 기업 평가 시스템 개선 필요목록을 작성했다.

그 후 참여자들은 현재의 평가 시스템을 고려하여 어떤 항목이 있고, 어떤 항목이 없는지 개별적으로 투표했다. 참여자들에게는 공개 투표를 통해 '예', '아니요' 또는 '잘 모르겠음'의 선택권이 주어졌다.

정성적 데이터는 제기된 문제, 표현된 관심의 수준 또는 토론에 소요된 시간, 토론에서 강조된 것으로 구성될 수 있기 때문에 표현하기 더 어렵다. 정량적 데이터는 정성적 데이터의 정보를 보완하는데 사용할 수 있다. 예를 들어, 위에서 언급한 평가 워크숍 보고서는 도

출된 결과물 B에 포함되어 있다. 이 결과물은 명확성을 위해 정량적 데이터를 사용하여 정성적 데이터로 표현했다.

현행 평가시스템 등급

항목	예	아니요	잘 모르겠음
관리자와 개인 간의 의사소통 향상	9	0	0
성과에 대한 질적 피드백 제공	7	2	0
업무 목표 명확화	6	6	0
경력 개발 지원	3	5	1
학습 목표 명확화	5	4	0
학습 계획 수립 지원	2	5	2
직원의 성장 지원	1	8	0
고충 처리	6	3	0

결과물 B

경력 계획에 대한 논의가 가장 격렬하게 진행되었다. 결과물 목록에 있는 다른 항목들은 10분이 걸린 반면, 경력 계획 부분은 30분이 걸렸다. 이 토론에 9명의 참석자 중 6명이 열정적으로 참여했다. 특히 2명의 참여자는 경력 개발 지원이 평가 시스템에서 누락되었으며, 경력 개발에 대한 자신의 요구가 반영되지 않은 것을 예로 들었다. 2명의 참여자는 시스템이 적시에 좋은 기회를 제공함으로써 경력을 향상시켰다고 대답했다.

워크숍 종료 후 실행 항목 다루기

워크숍 종료 후 실행해야 할 항목은 보고서에 명확하게 기록해야 한다. 누가 그 역할을 실행해야 하는지 기록하고, 다른 회의와 마찬가지로 참석하지 않은 사람에 대한 역할은 기록하지 않는 것이 좋다. 그리고 워크숍에 참여하지 않은 사람의 역할에 대해 참여자가 대화하여 조치를 취해야 한다.

실행해야 할 역할을 보고서에 기록하고, 할당 및 분담되는지 확인해야 하지만, 관리자가 아닌 이상 워크숍과 관련된 모든 사람을 확인하는 책임을 질 필요는 없다. 가능하면 워크숍 스폰서가 수행하도록 조치를 취하는 것이 좋다.

문제 발생 시 대처 방법

워크숍에서 논의되었으나 처리되지 못한 이슈들은 스폰서와 함께 후속 조치를 해야 한다. 이상적인 보고서는 이슈에 대한 스폰서의 의견을 포함하는 것이다. 그러나 이것은 종종 보고서 작성을 지연시켜, 특정 문제를 다루거나 새로운 아이디어를 추구하거나 개선이 필요한 과정을 지연시킬 수 있다.

워크숍 보고서는 발생한 이슈와 누가 이것에 대해 후속 조치를 할 것인지 또는 스폰서가 특정 이슈에 대해 무엇을 할 것인지에 대한 정보를 함께 기록해야 한다.

다음 일정 예고

참여자: 훌륭했습니다. 워크숍이 성과가 있었다고 생각합니다. 그럼 다음 단계는 어떻게 됩니까?

퍼실리테이터: 네, 잘 진행되었습니다. 저는 이번 주말까지 모든 결정 사항을 보고서로 작성할 계획입니다. 모든 참여자와 스폰서 그리고 경영진은 월요일이면 워크숍 보고서를 볼 수 있을 것입니다. 스폰서는 이 보고서를 다른 4개 워크숍 결과와 함께 검토하여 향후 진행을 결정할 것입니다. 스폰서는 수요일에 경영진과 만나 이 문제를 구체적으로 논의하여, 목요일에 다음 단계에 대해 모든 참여자들에게 이메일을 보낼 예정입니다.

참여자들이 워크숍에 열정적으로 기여했다면 다음에 어떻게 진행될 것인지 알고 싶어 할 것이다. 위와 같이 상세하고 직접적인 응답을 줄 수 있다면 이상적이다. 그러나 불행하게도 '나는 잘 모르겠습니다. 나는 퍼실리테이터일 뿐입니다.' 또는 '이제 관리자들에게 넘어갔습니다. 그들이 어떻게 하는지 기다리면서 지켜봐야 합니다.'라는 애매한 답변을 하는 경우가 있다. 누군가가 다음 일정에 대해 퍼실리테이터에게 이 질문을 할 때 가능한 한 자세하게 설명해야 한다.

보고서 사례

워크숍 보고서의 두 가지 예는 다음과 같다. 사례 A는 정성적 데이터와 정량적 데이터를 함께 사용하여 워크숍에 대한 정확하고 간결한 작성 방법을 보여준다. 사례 B는 혼란스럽고, 오해의 여지가 있는 사례이다. 어떤 부분은 너무 많은 데이터가 표시되어 있고, 또 어떤 부분에서는 데이터가 충실하지 않으며 과정이 명확하게 설명되어 있지 않고, 보고서에 작성자의 의견과 추측이 포함되어 있다.

사례 A

받는 사람 : 모든 워크숍 참석자

보낸 사람 : 김성태

제목 : 평가 시스템 구축 워크숍 보고서

일시 : 3 월 18 일

참조 : 이상훈, 이영숙, 허윤정

워크숍에서 말씀드린대로 보고서를 첨부합니다. 이것은 이상훈, 이영숙, 허윤정에게 보냈고, 그들은 4월 말까지 이 시스템에 어떤 변화를 가져올지 결정할 것입니다. 그 전에 이상훈이 이메일을 보내 그들이 무엇을 하려는지, 왜 그러는지 설명할 예정입니다. 이 보고서의 내용에 대해 문의할 것이 있으면, 서울사무소에 있는 내선번호 2424번으로 전화하십시오.

평가 시스템 구축 워크숍은 3월 16일 09:00에서 12:00까지 서울사무소에서 열렸습니다. 9명의 직원이 참석자로 선정되었습니다. 참석자들은 직원 대표 그룹으로 구성하였습니다. 아래 명단을 참조하십시오.

구분	근무 부서	성명	직무	근무 연수
1	서울사무소	김기홍	영업관리	5년
2	부산사무소	이순자	사무관리	2년
3	서울사무소	이혜진	영업담당	2년
4	세종사무소	김동일	기술 2급	1년
5	부산사무소	양순철	접수담당	8년
6	서울사무소	최미남	기술 7급	5년
7	서울사무소	강직한	기술 5급	3년
8	부산사무소	장기철	기술 5급	2년
9	세종사무소	이남규	영업담당	4년

워크숍의 목적은 평가 시스템의 효과에 대해 그룹이 어떻게 생각하는지, 그리고 그 효과의 어떤 측면이 개선될 수 있다고 생각하는지

를 도출하는 것이었다.

첫 시간은 효과적인 평가 시스템의 가장 중요한 특징이 무엇인지 토의하고 결정하였다. 그 토의는 절반 이상이 조직 내에서 문제라고 생각하는 경력 계획 수립 문제를 놓고 상당히 격렬했다. 참여자 9명 중 6명은 특정 업무에 대한 경력 개발 기회를 달라는 요청에 대한 답변이 부족하여 직원들이 회사를 그만둔 2~3가지 사례를 근거로 제시했다. 다른 주제(아래 참조)는 10분 이내로 짧게 논의되었다. 참여자들은 평가 시스템을 통해 주어진 항목의 데이터는 모두 이해한다는 반응이었다.

그 후, 참여자들은 효과적인 평가 시스템의 8가지 가장 중요한 항목에 동의했다. 이 항목은 비밀 투표 결과와 함께 아래에 있으며, 각 개인은 평가 등급의 항목이 얼마나 잘 활용되고 있는지에 따라 열거된 모든 항목에 대해 1인당 10점씩 할당하도록 했다.

현행 평가 시스템의 등급

항목	점수
관리자와 개인 간의 의사소통 향상	30
성과에 대한 질적 피드백 제공	45
업무 목표의 명확화	5
경력 개발 지원	5
학습 목표 명확화	0
학습 계획 수립 지원	0
직원의 성장 지원	0
고충 처리	5

그룹은 평가 시스템 항목 중 활용이 잘되고 있는 부분을 파악한 후, 가장 주의가 필요하다고 생각되는 세 분야를 공개 투표를 통해 선정했다.

- 경력 개발 지원
- 학습 계획 수립 지원
- 직원의 성장 지원

토론 후, 이 세 분야가 연관되어 있다는 것에 동의하였다. 그 후 참여자들은 3인 1조, 총 3개조로 30분 동안 문제 영역에 대해 토의하고 개요를 설명하며, 현행 평가 시스템 개선 사항의 제안 목록을 작성하였다. 각 조는 토론 결과를 발표했고, 문제와 제안 전체 목록을 작성하였다. 가장 시급한 다섯 가지 문제를 선정하기 위해 비밀 투표를 진행했다. (다섯 가지 문제는 목록에서 * 로 표시)

그 내용과 개선 사항은 아래에 열거되어 있다.

문제(이슈)
- 관리자는 피평가자에게 평가 전 필요한 것이 무엇인지 알려주지 않는다.
- 경력 경로가 잘 정의되어 있지 않다.
- 관리 기술 교육을 받을 수 없다. *
- 일반적으로 어떤 교육이 가능한지 명확하지 않다.

- 1인당 소요되는 교육 예산을 모른다. *
- 직무에 관한 정보가 없다. (단, 최고 경영자만 아는 것 같다.) *
- 교육 훈련이 계획되지만 업무가 바쁘기 때문에 운영이 안 된다. *
- 개인별 희망직무를 요청해도 종종 무시되거나 반영되지 않는다. *
- 사직하겠다고 협박해야 일이 진행이 된다.
- 상사는 급여 인상을 중요시하는 반면, 우리는 직무 자체를 중시한다.

제안된 개선 사항
- 향후 직무 목록 배부
- 1인당 교육 예산 결정
- 인사담당자가 주관하는 정식 교육 계획 과정 수립
- 경력 계획을 담당하는 관리자 훈련
- 관리 교육 개설이 가능한 환경 조성
- 직원들의 개인별 희망직무 목록을 관리자에게 전달

12시에 워크숍이 종료되었다.

보고서에 대하여 한 가지 이슈가 제기되었는데, 인사팀의 문제로 확인할 수 없었다. 이상훈은 3월 말까지 허윤정과 함께 이것을 올리기로 동의했다.

추가적인 실행 항목은 없었다.

사례 B

받는 사람 : 모든 워크숍 참석자

올린 사람 : 김성태

제목 : 평가 워크숍 보고서

일시 : 3월 28일

워크숍은 대성공이었습니다. 열띤 토론이 있었지만, 합리적인 결정이 내려졌고, 이는 적절한 과정에서 평가 제도를 개선하는 데 사용될 것입니다. 가나다순의 직원 목록에서 무작위로 선발된 참석자가 참석했습니다. 모든 참여자는 적극적이었고, 통찰력이 있어 워크숍 프로세스에 가치를 더해 주었습니다.

참석자의 이름, 내선 번호 및 직원 번호는 다음과 같습니다.

성명	내선번호	직원번호
김성태	6607	no. 102
김진복	6708	no. 103
박순애	2301	no. 55
신길수	2202	no. 60
안경희	3506	no. 308
유원빈	3607	no. 456
이상훈	6900	no. 68
이영숙	1103	no. 99
허윤정	1203	no. 109

우선 퍼실리테이터는 평가 시스템에 대한 배경을 요약하며 시작했는데, 이는 시스템이 3년 동안 현재 상태로 유지되어 왔음을 나타냈기 때문에 변화가 필요한 시점이었다고 설명하였다. 대부분의 참여자들이 이에 동의했다.

참여자들은 좋은 평가 시스템의 가능한 혜택 목록을 브레인스토밍 했고, 목록은 다음과 같다.

- 대화 시간
- 관리자
- 교육
- 업무
- 생각할 시간
- 불평할 기회
- 개발?
- 업무 영향력
- 목표 설정
- 평판
- 의견 제시
- 관계 유지
- 좋은 이미지
- 부진!

토의가 끝난 후 박순애와 안경희는 경력 문제에 대해 상당히 화가 났으며 (주로 자신의 경력이 정체되어 있다고 생각하기 때문에 평가 시스템의 잘못이 아닐 수도 있음), 이 목록은 투표를 통해 5개로 줄였다. (개인별 10점씩 배정)

• 대화 시간	김성태(5) 유원빈(1)
• 관리자	유원빈(2)
• 교육	김성태(3) 허윤정(4) 이상훈(5) 이영숙(7)
• 업무	--
• 생각할 시간	유원빈(7) 박순애(2)
• 불평할 기회	박순애(5)
• 개발	--
• 업무 영향력	김성태(2) 허윤정(3) 안경희(6) 박순애(6) 이영숙(3)
• 목표 설정	--
• 평판	김진복(5) 이상훈(3)
• 의견 제시	김진복(5) 안경희(4) 이상훈(2)
• 관계 유지	--
• 좋은 이미지	--
• 부진	신길수(10)

다섯 가지 바람직한 문제가 논의되었고, 그룹은 세 가지 핵심적이고 실행 가능한 운영안을 내놓았다. 이것들은 순서 없이 아래에 열거되어 있다. 퍼실리테이터는 멘토링, 직원 협의회, 제안 계획에 관해 목적에 부합하지 않는 제안들을 배제했다.

- 경력 및 평가 체계를 구축하여 경력 계획을 정리해야 함
- 예산을 세워 연간 훈련 계획을 수립해야 함 (교육 훈련 개선)
- 참여 가능한 교육을 공지해야 함 (직원들은 무엇을 할 수 있는지, 무엇을 할 수 없는지 알지 못하므로)

많은 참여자들은 워크숍을 해결책으로 사용하고 있다고 생각한다. 참여자 중 일부는 발언의 기회가 많지 않기 때문에 질문을 받으면 과도하게 자신의 견해를 표현할 수 있다. 따라서 일부 견해는 (모두가 사실은 아닐 수도 있으므로) 가감해서 들어야 한다.

여기서 잠깐!

Question 1
퍼실리테이터는 브레인스토밍 세션의 결과를 어떻게 보고해야 하는가? 편집, 요약, 아니면 아무 작업도 하지 않고 사진만 전달? 당신의 생각은?
퍼실리테이터는 투표에 공개 여부를 표시해야 하는가? 그렇다면 그 이유는 무엇일까?
퍼실리테이터는 최종 워크숍 보고서에 자신의 개인적 견해를 넣어야 하는가? 이것은 언제 적절하고 언제 적절하지 않을까?

Question 2
위의 '사례B'에 있는 보고서의 모든 문제를 나열하라. 이러한 문제를 어떻게 수정할 수 있을까?

Question 3

한 페이지 분량의 워크숍 보고서가 당신의 책상 위에 있다. 그것은 당신이 참석하기를 원했지만 휴가 중이었기 때문에 참석하지 못했던 워크숍이다. 이 세션에서 도출한 결과물은 사용자가 개발에 참여한 소프트웨어 시스템의 목표 이미지(흔히 Man-Machine Interface라고 함)에 관한 토론 및 의사결정 안이다. 신정민, 김수민, 이소정은 모두 이 시스템의 잠재적인 사용자들이다.
어떻게 할 것인가? 또 다른 방법은 무엇이 있을까?

지난 주 B사에서 사용자-시스템 인터페이스(Man-Machine Interface)에 대해 논의하기 위해 워크숍을 진행했고, 7명의 사용자가 참석했다. 그러나 신정민, 김수민, 이소정만이 실제로 토론에 참여했다. 논의는 다음과 같이 진행되었다.

비즈니스 계좌 관리자인 신정민은 우리가 지금까지 해왔던 것에 매우 만족했다. 그와 김수민은 둘 다 색깔과 모양을 좋아했지만 이소정은 노란색 바탕을 싫어했다. 아이콘은 수용 가능한 수준이었지만, 김수민은 아이콘을 더 크게 해야 하고, 메뉴의 속도가 더 빨라야 한다고 생각했다. 그러나 신정민은 이에 동의하지 않았다.
　제어실에 문제가 있을 때 컴퓨터가 내는 경보음에 대해 몇 가지 논의가 있었다.
　이소정은 '소리가 약간 거슬린다'고 생각한 반면 신정민은 소리가 커야 한다고 생각했다.
　김수민은 장비 외관이 FFS 시스템과 조금 더 비슷해야 한다고 생각했고, 신정민은 이에 동의했다. 대체로 큰 문제는 없었다.

FACILITATION
made easy

CHAPTER 7

워크숍 운영과 관련된 기타 문제

OTHER ISSUES SURROUNDING THE USE OF WORKSHOPS

이 장은 세 부분으로 구성된다. 각각의 이슈는 워크숍을 운영함에 있어서 실무적인 문제를 다루지만, 워크숍을 성공적으로 운영하는 데 있어서 매우 중요하다.

첫 번째 부분에서는 워크숍이 조직의 큰 그림에 어떻게 부합하는지를 살펴본다. 이는 워크숍의 성과가 조직 목표를 달성하는 데 도움을 주는 것이다. 두 번째 부분에서는 누가 워크숍을 진행해야 하는지에 대한 문제를 다룬다. 진행하는 퍼실리테이터가 훈련된 내부인이 좋을지 아니면 외부 전문가가 좋을지에 대한 문제에 관한 것이다. 세 번째 부분에서는 퍼실리테이션 기술을 향상시키는 방법을 다루면서 제안된 학습 계획을 설명하고 동료들의 피드백을 수집하기 위한 유용한 양식을 제공해 준다.

조직 변화 과정의 일부로 진행되는 워크숍

퍼실리테이션 워크숍은 조직 내 변화를 촉진시키기 위해 효과적으로 사용될 수 있다. 그러나 수차례 반복되는 워크숍이 지속적인 변화를 가져오는 데는 한계가 있다. 워크숍은 사람들을 생각하게 하고, 아이디어를 모으고, 결정을 내리도록 돕는 역할을 한다. 변화는 사람들이 다르게 행동하기 시작할 때 일어나며, 경영(관리) 지원 활동, 절차적 변화, 적절한 훈련, 필요한 자원 제공, 동기부여 보상 및 올바른 조직 구조 등이 뒷받침되어야 한다.

조직의 변화는 두 가지 범주로 구분될 수 있다. 아지리스(Argyris, 1992)는 첫 번째 유형을 '단일순환'[1] 변화라고 불렀다. 이 유형의 변화는 문제를 바로잡기 위해 간단히 수정하거나, 일이 처리되는 방식을 개선시킨다. 예로는 회사 판매 절차 시스템을 수작업 중심에서 전산 시스템으로 변경하는 것이다. 이러한 변화는 영업 직원을 교육하고 새로운 절차를 구축하는 것을 의미한다. 변화에 대한 직원들의 저항이 있을 수 있지만, 이러한 유형의 변화는 올바른 지원과 격려로 문제가 일어나지 않도록 해야 한다.

아지리스는 두 번째 유형을 '이중순환'[2] 변화라고 불렀다. 이 변화는 더 깊은 수준의 변화를 수반하므로 작업 프로세스의 변경은 물론

---

1. 단일순환(single loop): 조직 구성원의 행동 및 대응 양식만을 수정해 가는 활동
2. 이중순환(double loop): 운영 규범의 적절성 자체에 근원적인 의문을 제기해서 조직 문화를 개선하는 활동

근본적인 태도 변화도 필요하다. 예로는 공장(일선) 현장의 변화 사례로, 감독의 통제 하에서 일하는 것보다 자율적인 팀에서 일하는 것으로 변경한 것이다. 이러한 변화에는 팀이 함께 일하고 소통할 수 있도록 하는 물리적 환경의 변화, 관리 스타일의 변화, 감독자의 태도 변화, 팀 구성원 기술의 변화 및 작업 방식의 변화 등이 포함된다.

단일순환 변화는 절차가 명확하고 관리자가 일상적으로 의사결정 활동에 직원을 참여시키는 조직에서 비교적 쉽게 달성될 수 있다. 변화의 과정에 일찍부터 관여해 온 사람들이 변화를 쉽게 받아들인다. 만약 관리 방식에 대한 협의 없이 강제로 변화를 추진한다면 단일순환 변화는 어려울 수도 있다.

워크숍은 단일순환 변화를 위한 효과적인 도구를 제공할 수 있다. 워크숍을 통해 어떤 변화가 일어날지를 결정하고, 적합한 직원을 참여시키고, 직원들이 변화에 동화될 수 있는지, 어떤 지원이 필요한지를 알 수 있다. 위의 영업 프로세스 변경 워크숍을 통해 다음 단계 중 일부 또는 전체 과정에 영업 직원을 참여시킬 수도 있다.

- 시작 시 - 다양한 판매 전산시스템을 평가하고 선택
- 시스템이 선택된 경우 – 선택한 판매 전산시스템을 검토하고, 사용 방법 및 판매, 직원 모집 방법 결정
- 절차 초안 작성 시 - 새로운 판매 절차를 검토하고, 새로운 절차 수행에 필요한 변경과 추가 지원을 결정

이중 순환 변화는 조직의 근본에서부터 변화를 일으키므로, 저항의 강도를 예측하기 쉽지 않고, 변화의 목표를 달성하기도 어렵다.

예를 들어, 1980년대 조직에 전사적 품질경영 원칙을 도입하려는 사례 중 60%가 넘게 실패했다(Binney, 1992). 이러한 실패의 주요 원인 중 하나는 회사의 품질 문제를 해결하기 위해 워크숍에 과도하게 의존했기 때문이다. 경영진은 워크숍을 잘 이해하지 못했으며, 참여자의 의견을 무시하거나, 의심하고 경시하는 태도를 보였다. 많은 경우, 경영진은 워크숍에 필요한 지원을 제공하지 않았고, 워크숍에 참여하는 사람들은 그들이 노력하더라도 변화가 일어나지 않을 것이라고 생각했다. 그 결과 논의된 안건 중 많은 것들이 흐지부지 되고 말았다. 그렇기 때문에 이중순환 변화를 위해서 워크숍을 하는 조직은 반드시 핵심 경영진의 지원을 받아야 한다.

이상적인 조직에서는 변화가 정상적인 것이며, 조직을 변화시키기 위해 다양한 단계에서 사람들을 워크숍에 참여시킨다. 페들러, 부르고뉴, 보이델(Pedler, Burgoyne and Boydell, 1996)은 저서에서 학습 조직의 이론을 확립했다. 저자들은 학습 조직을 "모든 구성원의 학습을 촉진하고 지속적으로 변모하는 조직"이라고 정의했다. 이러한 이론은 많은 소규모 조직에서는 잘 반영되고 있지만, 대규모 조직과는 상당한 거리가 있다. 학습 문화를 발전시키기 위한 좋은 출발은 의사결정 과정의 일부로 워크숍을 운영하는 것이다. 그러면 직원들은 서로 듣고 배우는 문화를 발전시키며, 조직 전체가 보다 자유롭게 소통하기 시작할 것이다.

외부 퍼실리테이터 활용

관리자, 컨설턴트 및 내부 퍼실리테이터를 위한 워크숍을 운영할 때, 외부 퍼실리테이터 활용에 대한 질문을 받는다.

　조직 문화는 듣고 배우고 변화해야 하기 때문에 이상적인 조직에서는 필요한 경우 자체적으로 퍼실리테이션을 활용할 수 있다. 하지만, 대부분의 조직들은 이상적인 상황에 도달하기 어렵기 때문에 기존 문화 내에서 퍼실리테이션이 신중하게 이루어져야 한다.

　외부 퍼실리테이터를 활용하여 조직 워크숍을 운영하면 아래와 같은 몇 가지 장점이 있다.

- 현 상황에 도전할 수 있다.
- 새로운 정보를 가져올 수 있다.
- 신선한 관점을 제공한다.
- 다른 조직에 대한 벤치마킹의 기회를 얻을 수 있다.
- 참석자의 직급에 영향을 덜 받는다.
- 중립적 입장을 취할 수 있다.

그러나 외부 퍼실리테이터의 단점도 있는데, 다음과 같다.

- 조직에 대한 구체적인 정보가 부족하다.
- 참석자들이 존중하지 않을 수 있다.
- 퍼실리테이터가 회사 일에 대해 신경 쓰지 않는 것으로 보일 수 있다.
- 조직 문화를 제대로 이해하지 못해, 원하는 변화가 일어나지 않을 수 있다.
- 숨겨진 의도를 가지고 있는 스폰서에 의해 쉽게 영향을 받을 수 있다.

따라서 외부 퍼실리테이터는 다음과 같은 워크숍에서 유용하다.

- 어렵고 새로운 영역을 개척할 때
- 외부 환경을 고려해야 할 때
- 조직에 대한 심층적인 지식이 필요하지 않을 때
- 갈등이 있을 때

그러나, 다음과 같은 워크숍에는 외부 퍼실리테이터가 적합하지 않다.

- 구체적이고 상세한 기술 문제에 초점을 맞출 때
- 의지가 부족한 참석자를 참여시켜야 할 때
- 기존 조직 문화에 대한 상세한 지식이 필요할 때

내부 퍼실리테이터도 장점과 단점이 있다. 대규모 조직에서는 지역적 이슈와 새롭게 접근해야 할 문제의 경우에는 외부 퍼실리테이터와 유사한 방식으로 내부 퍼실리테이터가 진행할 수 있다. 그러나 소규모 조직에서는 필요한 분야에 대해 잘 알고 있지만 문제에 대해 너무 잘 알고 있기 때문에 편파적으로 비쳐지는 등 어려움을 겪을 수도 있다.

많은 관리자들은 팀 워크숍을 직접 운영한다. 이는 이상적인 것이며 학습 조직과 매우 잘 들어맞는다. 팀 워크숍을 퍼실리테이션하는 관리자는 자신의 스타일이 경영 스타일과 일치하는지 확인할 필요가 있다. 직원들의 입장에서는 평소 지배적이고 통제적이다가, 워크숍에서만 경청하고 질문하며 피드백하는 관리자에게 적응하기 어렵기 때문이다.

퍼실리테이션 기술 향상

이 책을 읽고 각 부분에 삽입된 질문에 답변한 후, 실제 상황에서 퍼실리테이션 기술을 연습해야 한다. 혼자 책을 읽는 것으로는 기술을 배울 수 없다. 실제 회의를 여러 가지 방법으로 진행해 보아야 한다.

콜브(Kolb, 1984)에 의해 처음 정의되고 많은 학자들에 의해 정리된 학습 과정은 우리가 배우기 위해 겪는 일련의 활동을 보여준다. 프로세스는 [그림 7.1]에 나타나 있다. 그림은 우리가 경험과 성찰을 통해 배우는 방법을 보여주는 유용한 예시를 제공한다. 만약 당신이 이 책을 읽고 학습 과정을 계획한다면, 어떻게 워크숍에 접근해야 하는지 고민을 시작할 것이다. 이미 워크숍을 운영한 경험이 있다면, 그 경험을 반성하고 새로운 아이디어를 짜내기 위해 이 책을 사용할 것이다. 어느 것을 시작하든 다음 단계는 당신이 생각한 새로운 아이디어를 시도해 보는 것이다.

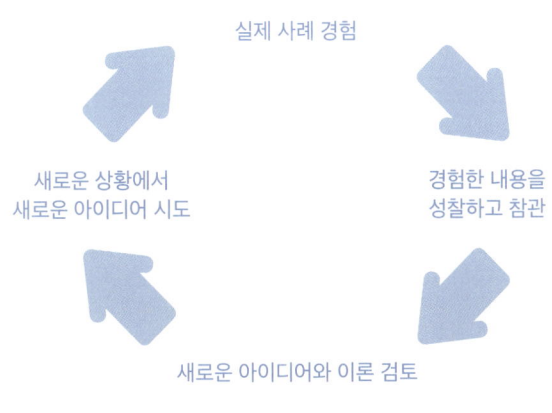

[그림 7.1] 학습 프로세스

아래 정의된 학습 계획을 6개월 동안 따르고, 성찰의 시간을 가지며, 구체적인 연습 기회를 위해 단계적으로 실행할 것을 제안한다.

만약 6개월이 아닌 짧은 기간 내에 워크숍을 운영해야 한다면, 간단한 것에서 시작해서 복잡한 것으로 옮겨가는 것이 좋다. 처음으로 진행하는 워크숍은 소수의 토론 도구만을 사용해야 하며, 특히 참석자가 많다는 이유로 소그룹으로 나누게 되면 워크숍 운영이 복잡해지므로 이는 피하는 것이 좋다. 그러나 실제 참여자들과 함께 심도 있는 문제를 다루기 전에, 경험이 있는 참석자들에게 먼저 토론 도구를 사용해 볼 것을 추천한다. 이런 시도는 자신감을 높이는 효과가 있다. 또한 워크숍이 끝난 후에는 좋은 습관을 기르면서 지속적으로 성장할 수 있는 성찰의 시간을 가져야 한다.

학습 계획

학습 1단계: 플립차트를 사용한 정보 전달 회의 운영
- 회의의 목적은?
- 회의의 결과물은?
- 이번 회의에서 잘된 점은?
- 다음 회의에서 필요한 것은?

학습 2단계: 구조화된 토론 도구를 사용한 회의 운영
- 회의의 목적은?
- 회의의 결과물은?
- 이번 회의에서 잘된 점은?
- 다음 회의에서 필요한 것은?

학습 3단계: 투표 기법을 사용한 의사결정 회의 운영

- 회의의 목적은?
- 회의의 결과물은?
- 이번 회의에서 잘된 점은?
- 다음 회의에서 필요한 것은?

학습 4단계: 두세 가지 토론 도구를 사용한 미니 워크숍 의사결정 회의 운영

- 회의의 목적은?
- 회의의 결과물은?
- 이번 회의에서 잘된 점은?
- 다음 회의에서 필요한 것은?

학습 5단계: 문제해결을 위한 반나절 워크숍을 설계, 운영

- 회의의 목적은?
- 회의의 결과물은?
- 이번 회의에서 잘된 점은?
- 다음 회의에서 필요한 것은?

학습 6단계: 미니 프레젠테이션 등 다양한 토론 도구를 활용한 반나절 워크숍 운영

- 회의의 목적은?
- 회의의 결과물은?
- 이번 회의에서 잘된 점은?
- 다음 회의에서 필요한 것은?

퍼실리테이터가 실제 워크숍을 진행했다면 참석자들에게 어떻게 진행했는지에 대한 피드백을 받아야 한다. 완벽한 워크숍은 없지만, 기술을 향상시키고 연마할 수는 있다. 아래 피드백 양식을 사용하여 참석자들에게 피드백을 요청해야 한다. 서면 의견은 구두 의견보다 좋다. 왜냐하면 피드백을 눈으로 확인하고 반영하여, 개선할 수 있기 때문이다. 구두 피드백은 개방적인 관계를 맺은 동등한 사람들 사이에서는 잘 작동하지만, 안타깝게도 대부분의 조직에서는 잘 작동하지 않는다. 구두 피드백과 관련된 일반적인 문제는 다음과 같다.

- 사람들은 보통 얼굴을 마주 보았을 때 부담을 느끼기 때문에 피드백의 내용이 솔직하지 않을 수 있다.
- 퍼실리테이터는 참석자의 얼굴을 마주 대하며, 부정적 피드백을 받을 때, 의기소침하거나, 당황하거나 혹은 자신의 진행에 대한 변명을 하는 등의 본능적인 반응을 보일 수 있다. 서면 피드백을 받으면 반복적으로 보면서 피드백을 반영할 수 있으며, 이는 퍼실리테이션 기술 향상에 대해 합리적이고 긍정적인 접근을 형성하는 데 도움이 된다.

퍼실리테이션 피드백 양식

퍼실리테이터 _____
참여자   _____
날짜   _____

역량 영역 5점 만점
1 = 매우 부족, 2 = 부족, 3 = 보통, 4 = 만족, 5 = 매우 만족

사전 워크숍 계획	의제는 명확했나요? 유의사항을 충분히 안내 받았나요? 워크숍에 대한 정보는 충분했나요?
워크숍 소개	퍼실리테이터가 주제를 명확하게 소개했나요? 워크숍 기본 규칙이 처음부터 명확했나요?
사람들의 참여 유지	모든 사람들이 적극적으로 참여하도록 격려 받았나요?
시간 관리	워크숍이 정시에 끝났나요? 모든 주제가 적절하게 논의되었나요?
명확한 상황 관리	퍼실리테이터는 참여자들이 의견을 명확히 하도록 촉진했나요? 도중에 논의에서 벗어난 사람이 없었나요?
토론 관리	모든 참여자들이 충분한 토론 시간을 가졌나요? 토론이 잘 진행되었나요, 아니면 문제가 있었나요?
다음 단계	워크숍이 끝난 후 퍼실리테이터가 다음 단계에 대해 설명했나요?
추가할 의견이 있나요?	

CHAPTER **8**

워크숍
사례 연구

WORKED CASE STUDIES

말만 앞서고 실행이 뒤따르지 않는 사람은 잡초가 가득한 정원 같다.
영국 속담

실전 경험이 없는 이론은 비즈니스 현장에서 거의 쓸모없다. 퍼실리테이션 책도 실제 워크숍 사례가 다루어지지 않는다면 문제가 있다. 아래의 네 가지 경우는 기획부터 실행까지의 전 과정을 워크숍을 통해 이슈를 해결한 실제 사례이다.

이 사례는 독자가 조직 목표를 달성하기 위한 퍼실리테이션 워크숍을 명확하게 파악하는 데 도움이 된다. 아래에 설명된 워크숍은 결코 완벽하지는 않지만 잘 진행된 사례들이다. 어떤 사례는 잘 되었고, 어떤 사례는 아쉬움이 남을 수도 있다. 이 사례들은 워크숍 프로세스에 대한 전체 설명의 일부분으로 다루었다.

사례 1
고객지원센터 업무 검토 워크숍

이영숙은 보험 회사 소프트웨어 부서의 IT 매니저로 임명되었다. 그러나 일을 시작한 지 몇 주 후, 고객지원센터 업무에 관한 사내 동료들의 불만을 듣고 걱정이 생겼다.

고객지원센터는 2년 동안 운영되어 왔으며 많은 자원을 투입한 것처럼 보였다. 세 명의 전담 직원이 고객지원센터에서 일하고 있고, 개발팀에게 지원을 요청하는 횟수가 점점 늘어나고 있었다. 고객지원센터 직원들은 그들의 과중한 업무가 과소평가된다고 느끼면서 불만이 발생하였다. 또한 개발팀 직원들에게 지원을 요청하는 것도 점점 어려워졌다.

경험이 풍부한 퍼실리테이터 이영숙은 워크숍을 통해 문제가 무엇인지 파악하고, 고객지원센터가 고객의 의견을 경청할 기회를 갖고, 워크숍 결과에 따라 실행할 수 있을 것이라고 생각했다. 또한 사전에 고객 의견을 파악하기 위해 설문을 받고, 고객지원센터 직원과 개발팀 직원 몇 명을 개별적으로 인터뷰하여 이슈에 대한 의견을 듣기로 했다.

워크숍 목적 정의

이영숙은 워크숍의 목적을 다음과 같이 정의했다.

> 이 워크숍은 고객이 고객지원센터에서 제공받고 있는 현재의 서비스 품질에 대한 의견을 제시할 수 있는 이벤트이다. 참석자들은 또한 장·단기적으로 필요한 의견을 자유롭게 이야기할 수 있다. 참여자의 의견은 고객지원센터 업무 개선을 위해 전담 직원과 개발팀 직원이 함께 논의할 것이다.

워크숍 계획

이영숙은 전담 직원들과 의견 대립 없이, 참여자들이 솔직하게 의견을 말할 수 있는 분위기를 조성하기 위해 고객지원센터 전담 직원은 워크숍에 참석시키지 않기로 결정했다.

이영숙은 정기적으로 고객지원센터와 협업하는 내부 직원 2명(보험담당자 1명, 사무관리자 1명)을 워크숍에 참석시켜줄 것을 6명의 부서장에게 요청했다.

그는 반나절이면 이슈를 다룰 수 있다고 생각하면서 워크숍을 개최했다. 준비 자료는 발송하지 않았지만 참석자들에게 현재와 미래의 고객지원센터에서 실제로 원하는 것이 무엇인지, 고객지원센터의 현재 성과를 어떻게 평가하는지에 대해 생각해 오라고 요청했다.

워크숍 계획은 아래와 같다. 이영숙은 고객 설문 조사의 결과를 반영하여 워크숍의 깊이를 더하기로 했다. 이 설문 조사는 400명의 잠재 고객에게 발송되었으며, 50%가 응답했다. 각 응답자에게 10개의 기준으로 고객지원센터를 평가한 다음 가장 중요한 3개 기준을 선택하도록 요청했다. 10개 기준 모두가 동등한 중요성을 가지고 있으며, 조사 결과 고객지원센터는 응답 속도, 직원의 기술 노하우 및 고객들에게 정보를 제공하는 데 문제(설명 및 전달력 부족 등)가 있는 것으로 나타났다.

고객지원센터 업무 검토 워크숍

6월 7일 수요일 09:00-12:00

워크숍 주제

당신을 고객지원센터 워크숍에 초대합니다. 본 워크숍은 고객지원센터에서 제공하는 서비스의 품질에 대한 의견을 구하기 위한 것입니다. 또한 현재 제공되고 있는 서비스의 질과 향후 장단기적으로 필요한 서비스 유형에 대한 견해를 듣고자 합니다. 따라서 현재와 미래의 고객지원센터에 대해 미리 생각해 오시기 바랍니다.

제시된 의견은 취합하여 고객지원센터 및 개발 담당자가 검토하여 고객지원 개선을 위해 논의할 예정입니다.

워크숍 진행 순서

09:00	환영 및 소개
09:15	현황 평가
10:45	휴식
11:00	미래 발전 방안 논의
12:00	마무리

고객지원센터 업무 검토 워크숍

시간	활동 내용	소요시간	대상
09:00	환영 및 소개 - 참여자는 자신의 역할과 현재 고객지원센터를 이용하는 방법을 설명한다. 회의 규칙 1) 개선을 목표로 한다. 2) 한 번에 한 사람씩 말한다. 3) 확실한 결정은 내리지 않는다. (의견만 제시)	15분	전체 활동
09:15	현황 평가 1) 사전에 외부 고객에게 배포된 설문을 사용하여 참석자들에게 동일한 내용으로 고객지원센터를 평가하도록 요청한다. 이 설문은 참석자들의 평가와 사전 설문 결과를 비교하기 위한 것이라고 알린다. 2) 참석자의 평가 결과를 모아서 게시한다. 3) 제시된 견해(높은 점수/낮은 점수에 대한 이유, 가장 중요한 기준, 가장 덜 중요한 기준)를 토론한다. 4) 설문 조사 결과를 검토한다. 그것이 참여하는 사람들의 견해와 어떻게 다른지 비교한다.	45분	전체 활동
10:00	소그룹으로 나눈다. 각 그룹은 고객지원센터에서 개선할 수 있는 10개의 구체적 기준을 제시한다.	30분	소그룹 활동
10:30	개선 사항의 전체 목록 중 중복된 부분을 확인한 후, 어떤 것이 가장 중요한지 투표한다.	15분	전체 활동
10:45	휴식		

11:00	미래 발전 방안 모색 1) 그룹을 2인 1조로 나눈다. 각각의 짝꿍들은 사업 한 부분을 대표한다. 2) 각각 짝꿍들에게 사용자 수의 증가, 근무 방식의 변화, 다른 시스템 등의 측면에서 사업 부서의 고객지원센터에 대한 향후 요구 사항에 대해 생각해 보도록 요청한다. 3) 각각의 짝꿍들에게 특히 중요한 분야에 별표(**)를 달라고 요청한다.	20분	2인 1조로 활동
11:20	발표 및 추가 사항 논의 1) 각각의 짝꿍들에게 그들의 영역에서 예측한 변화를 발표하도록 요청한다. 2) 고객지원센터 미래 발전 방안에 대해 고려할 사항의 목록을 작성한다.	40분	전체 활동
12:00	마무리		

워크숍 진행

워크숍은 계획된 시간에 맞춰 진행되었다. 일부 참석자들은 두 번째로 설문 조사를 요청할 때 불만을 토로했지만, 워크숍이 진행됨에 따라 이 필요성을 이해했다. 보험 담당자 중 2명은 처음 한 시간이 다소 반복적이라고 생각했지만 나머지 사람들은 필요한 과정이라고 이해했다. 참석한 사무 담당자 중 절반 이상이 미래 발전 방안 논의가 무슨 뜻인지 제대로 이해하지 못해, 보험 담당자에게 설명을 요구했다. 이영숙은 워크숍 전에 참석자들이 미래 발전 방안에 대해서 사전 숙지하게 한다면 이 문제를 피할 수 있다고 이해했다.

워크숍 이후 후속 조치

워크숍이 끝난 후 이영숙은 전체 설문조사 결과와 그룹의 조사 결과 및 필요한 단기 개선 사항과 미래의 요구 사항에 대한 그룹의 의견을 상세히 기술한 보고서를 작성했다. 이것은 워크숍에 참여한 모든 사람들과 부서장, 최고 경영자, 재무 책임자에게 배포되었다. 최고경영자와 재무 책임자에게는 실행에 필요한 지원을 받기 위해 결과물을 전달하였다.

그리고 이영숙은 모든 결과들을 논의하기 위해 고객지원센터 직원들과 만났다. 그 후 개발 직원과 부서장들과 상의하여 몇 가지 결정을 하였다. 이후 모든 직원에게 고객지원센터의 업무 변경 프로그램을 상세히 기록한 문서를 발송하였다. 여기에는 직원 교체, 교육 프로그램 계획, 통화 추적을 위한 새로운 시스템 도입, 고객지원센터 직원을 위해 개선된 시스템(장비 포함) 제공에 관한 세부 사항을 포함하였다.

사례 2
표준 및 절차 수립 워크숍

김성태는 교육 회사의 조직 컨설팅 부서 관리자였다. 이 부서는 성장하기 시작했지만 기본적인 표준 및 절차는 없었다. 교육 매뉴얼에 명시된 표준에 따라 작업이 수행되고 있었지만, 이는 개괄적인 것만 다루기 위한 것이었다. 직원들과 고객들은 이 상황에 대해 불평하기 시작했다. 직원들은 일할 수 있는 명확한 형식을 원했고, 고객들은 컨설턴트가 일관성이 있기를 원했다. 김성태는 모든 고객들이 동일한 수준의 서비스를 받는 것이 중요하다고 생각했다.

김성태는 보고서, 프레젠테이션 및 유인물, 프로젝트 계획, 공문, 팩스, 제안서 및 이메일과 같은 컨설팅 문서 작성을 위한 일련의 표준과 절차를 수립하기 위해 워크숍을 개최하기로 결정했다.

김성태는 경험이 많은 퍼실리테이터였지만, 표준이나 절차를 수립하는 워크숍을 운영해 본 경험은 없었다. 김성태는 이 분야에 경험이 많은 경영 컨설턴트를 인터뷰했다. 이를 통해 그는 워크숍을 어떻게 진행해야 하는지에 대한 몇 가지 아이디어를 얻었고 자신이 직접 진행하기로 결정했다.

워크숍 목적 정의

김성태는 워크숍 목적을 다음과 같이 정의했다.

> 표준 및 절차 수립 워크숍은 컨설팅 그룹이 문서를 작성, 검토 및 발행하기 위한 아이디어를 수집하는 데 도움을 주기 위한 것이다. 워크숍이 끝나면 김초록은 표준 및 절차 초안을 작성한다. 참석자들은 초안을 검토하기 위해 다시 만날 것이다.

워크숍 계획

김성태는 처음부터 가능한 한 많은 사람들을 참여시키고 싶었기 때문에 6명의 컨설턴트를 모두 초대하기로 결정했다. 여기에는 컨설팅 분야에 비교적 신입인 김초록을 포함했다. 이번 워크숍이 흥미와 관심을 이끌어 내기를 희망했다. 또한 김초록이 경험이 많은 컨설턴트들의 지식을 활용하는 데 도움이 되기를 원했다.

김성태는 이 워크숍을 하루 일정으로 운영하기로 했다. 그는 즐겁고 창의적이기를 원했으며, 컨설턴트들이 함께 할 시간이 거의 없었기 때문에 팀워크 향상에 도움을 주고자 했다.

어젠다와 워크숍 설계는 다음과 같다.

표준 및 절차 수립 워크숍

9월 16일 목요일 09:30-17:00

워크숍 주제

최근 직원 및 고객 의견에 따라, 컨설팅 그룹에서 문서 작성에 대한 표준 및 절차 수립을 위한 논의가 필요하기에 워크숍에 초대합니다.

표준 및 절차수립 워크숍은 문서 작성, 검토 및 발행하기 위한 아이디어를 모으기 위한 것입니다. 워크숍이 끝난 후 김초록은 표준 및 절차 초안을 작성할 것입니다. 참석자들은 다시 만나 초안을 검토할 예정입니다. 워크숍에 필히 참석해 주시기 바랍니다. 참석이 어려울 경우에는 워크숍 날짜를 변경할 수 있으므로 미리 알려주시기 바랍니다.

다양한 문서를 작성하는 방법, 이 프로세스의 장점과 개선될 수 있는 사항에 대해 생각해 보십시오. 또한 추천할 표준 문서 형식에 대해서도 생각해 보십시오.

워크숍 진행 순서

09:30	소개 다양한 문서 유형 좋은 문서의 구성 요건 우리가 잘하는 것과 개선해야 하는 것
11:00	휴식 문서 작성을 위한 10가지 규칙
12:45	점심
14:00	표준 및 절차 수립 시 발생할 수 있는 장애에 대한 영상 시청 및 토론
15:00	휴식
15:20	문서 번호 지정, 검토, 서명 및 문서 기록을 위한 절차 개발 종합 및 평가
17:00	마무리

표준 및 절차 수립 워크숍 설계

시간	활동 내용	소요시간	대상
09:30	소개: 1) 컨설팅 작업을 수행할 때 가장 닮은 만화 캐릭터는? 2) 기본 규칙 수립 3) 워크숍 개최 이유 및 사전 조사(경영 컨설턴트 방문 조사) 결과 공유	30분	전체 참여
10:00	컨설턴트가 작성하는 문서 목록에 대한 브레인스토밍 및 분류	15분	전체 참여
10:15	참석자들에게 2인 1조로 논의하도록 요청한다. 문서 유형의 실제 예를 참고하여, 각 문서 유형별로 좋은 문서의 구성 요건을 결정하도록 한다. (각 유형별로 적어도 5가지 관련 특성 목록)	15분	3개조 (2인 1조)
10:30	논의된 내용을 플립차트에 모아, 각 조별로 차례대로 발표한다. 다양한 유형의 문서 사례를 검토하고, 비즈니스 요구에 초점을 맞추어 현재 컨설팅 내에서 잘하고 있는 내용과 개선이 필요한 내용에 대한 아이디어를 수집한 후, 각 유형별로 T-차트를 사용하여 작성하고 벽에 게시한다.	30분	전체 참여
11:00	휴식		
11:20	참여자들을 두 그룹으로 나눈다. 효과적인 문서를 작성하기 위한 10가지 표준, 실용적인 규칙의 개괄적인 목록을 작성하도록 요청한다. 또한, 앞서 수집한 의견(T-차트)을 포함하도록 요청한다.	45분	2개조 (3인 1조)

	각 그룹은 논의된 내용을 발표한다. 그룹은 그들의 발표한 내용 중 김초록이 작성할 수 있는 합의안을 선정한다.	40분	
12:45	점심		
14:00	영상 시청 절차와 표준을 개발하고 구현하는 데 따른 장애와 관련된 영상을 보여준다.	30분	전체 참여
14:30	이 과정의 잠재적 장애에 대해 토론하고, 장애를 최소화하는 방법을 생각해 보도록 한다. 마인드맵을 사용하여 장애를 파악하고 주요 장애 주위에 원을 그린다. 각 원에서 선을 그어 장애를 해결하는 아이디어를 작성한다.	30분	전체 참여
15:00	휴식		
15:20	문서 번호 작성, 검토, 서명 및 기록 보관 절차를 살펴본다. 그룹을 2인 1조(이번엔 다른 사람들)로 나눈다. 각 그룹에게 긴 종이 한 장(플립차트 종이 세 장이 서로 붙어 있음)을 준다. 그들에게 번호 부여 방법, 번호 검토 방법, 서명, 사본을 보관하는 방법 등을 포함하여 각 유형의 문서의 흐름도를 작성하도록 한다. 작성 범례(활동, 결정 및 흐름을 나타내는 상자, 다이아몬드 및 라인 등)를 설명한다.	40분	3개조 (2인 1조)
16:00	토의한 결과를 벽에 부착하고 그룹은 그 내용을 발표한다. 발표 후, 참석자들에게 우선순위 선정을 위한 빨간색 스티커 5개와 파란색 스티커 5개를 배	20분	전체 참여

	포한다. 필요한 아이템은 파란색을, 불필요한 아이템은 빨간색을 붙인다. 워크숍의 최종 정리 및 평가 - 우리의 목표를 달성했는가?	40분	
17:00	마무리		

워크숍 진행

표준 및 절차 수립 워크숍은 약간의 혼란이 있었지만 잘 진행되었다. 일부 참석자들은 표준과 절차를 나눌 필요가 없다고 생각했으나, 대부분의 참여자들은 양식과 문서 관리 방법을 구별하는 것이 좋다고 생각했다. 유익하고 건설적인 논의가 많았고, 그 결과 많은 표준 및 절차가 만들어졌다. 워크숍은 예정대로 진행되었다.

후속 조치

김초록은 논의된 다양한 의견들을 모아 워크숍 보고서를 작성했다. 일부 의견이 달라 모든 사람의 견해를 통합할 수는 없었지만 합리적인 조율을 통해 가능한 한 많은 핵심 요구 사항을 포함시키려 노력했다고 기술했다.

김초록은 절차 및 표준 초안을 개발하여 참여자 그룹과 6주 후에 다시 만났고 참여자들은 보고서 내용에 매우 만족했다. 몇 가지 변경이 있었지만 보고서 초안의 기본 내용은 승인되었고, 표준 및 절차가 조직 정책에 반영되었다.

사례 3

고위 관리자를 위한 IT 전략 워크숍

허윤정은 IT 전략을 전문으로 하는 경영 컨설팅 회사에서 일하는 선임 컨설턴트다. 그녀는 서울의 한 대학병원 프로젝트를 진행하고 있다.

병원은 외래환자 관리, 병동 운영, 재정 모니터링, 약국 운영 등 다양한 IT 시스템을 활용하고 있다. 이들 시스템 중 일부는 서로 연계되지 않아서, 한 시스템에 입력된 데이터를 다른 시스템에서는 수작업으로 다시 입력해야 하는 경우가 많았다. 병원은 허윤정이 기존의 모든 IT 시스템을 조사하고, 일관성 있는 통합 시스템을 구축하는 목표를 향해 어떻게 나아갈 것인지 건의하는 보고서를 원했다.

허윤정은 현재의 시스템을 조사하고, 그것을 사용하는 직원들을 인터뷰했다. 그 후 그녀는 일관된 IT 시스템을 기반으로 하는 시스템 모델을 구축하고, 병원의 기능을 하나로 통합한 IT 솔루션 구축을 위한 4가지 전략을 개발했다. 이러한 전략은 일정과 비용을 감안하여 계획되었다. 허윤정은 연구 결과와 제안을 요약한 보고서를 작성했다. 그리고 그녀는 고위 관리자들을 위한 워크숍을 개최하여 4가지 전략 중 어떤 것을 선택할지 결정하도록 할 계획이었다.

워크숍 목적 정의

허윤정은 워크숍의 목적을 다음과 같이 정의했다.

> 워크숍의 목적은 병원 고위 관리자들이 제안한 시스템 모델 구축을 위해 4가지 전략 중 어떤 전략을 선택할 것인지를 결정하는 것이다. 워크숍에서 결정한 사항을 참조하여 최고 경영자와 재무 책임자가 최종 결정한다.

워크숍 계획

허윤정은 위의 문제를 해결하기 위해 반나절 워크숍을 개최하기로 결정했다. 허윤정은 최고 경영자에게 누구를 참석시킬지 확인했다. 그들은 새로운 시스템을 구축하는 데 필요한 고위 관리자 모두를 초대하기로 했다. 참석자는 최고 경영자, IT 관리자, 재무 책임자, 품질 책임자, 3명의 임상 책임자 및 인사 책임자였다. 허윤정은 워크숍 2주 전에 이 안건을 첨부하여 보고서를 회람했다.

고위 관리자를 위한 IT 전략 워크숍

3월 15일 목요일 09:30-13:00

워크숍 주제

당신은 고위 관리자 워크숍에 초대되었습니다. 일관되고, 통합된 IT 시스템으로 나아가기 위해 병원이 추진해야 할 4가지 전략에 대한 견해를 물어볼 예정입니다.

기존 IT 시스템을 평가하고, 새로운 모델을 추천하며, 일관된 통합 시스템으로 발전할 수 있는 4가지 전략을 제안하는 보고서가 첨부되어 있습니다. 새로운 시스템 모델에 각별히 주의하여 보고서를 검토해 주시기 바랍니다. 병원의 추진 전략을 결정하기 전에 일관된 통합 시스템 모델을 이해해야 합니다. 모델에 대한 질문 사항을 준비해 오십시오. 워크숍은 질문을 다루면서 시작할 것입니다. 또한 제안된 4가지 전략에 대해서도 연구해 주십시오. 이 전략에는 일정과 예산이 포함되어 있습니다.

워크숍 진행 순서

09:30	소개 제안된 시스템 모델 이해 발전을 위한 4가지 전략 숙지하기
11:00	휴식
11:15	각 전략의 장점과 단점 검토하기 가장 적합한 전략 채택하기
13:00	마무리

고위 관리자를 위한 IT 전략 워크숍 설계

시간	활동 내용	소요시간	대상
09:30	소개 1) 워크숍의 목적과 안건에 대한 설명 2) 각자에게 보고서를 읽었는지 여부와 그 내용을 알려 달라고 요청 • 보고서의 내용 중 이미 알고 있는 것을 확인 • 보고서의 특이 사항 확인	15분	전체 참여
09:45	통합 모델을 간략하게 제시하고 참여자에게 질문 요청(질문이 없을 경우 미리 준비한 질문 사용) 참여자 각각에게 질문에 답하도록 요청 전체 그룹에서 답변 내용에 대해 토론	45분	전체 참여
10:30	그룹을 2인 1조로 나눔 각 조에게 실행을 위한 네 가지 전략 중 하나를 검토하도록 요청 보고서를 바탕으로 그룹 내 다른 참여자들을 위해 5분 발표 자료를 준비하도록 요청 발표 시 전략의 핵심 요소를 강조, 비용 및 시간 관련 사항 설명, 명확하지 않은 전략 부분 확인	30분	2인 1조
11:00	휴식		
11:15	참여자는 5분 발표 실시 제안된 4가지 전략 논의	30분	전체 참여
11:45	4가지 전략별 T-차트를 하나씩 작성 각 전략의 장단점을 나열하여 4장의 시트를 모두 볼 수 있도록 게시	60분	전체 참여

	각 전략의 장단점에 각각 10 점씩 부여 장점 점수를 더하고, 단점 점수를 빼서 어떤 전략이 가장 높은지 확인 전체적으로 최종 비밀 투표 실시		
12:45	요약	15분	전체 참여
13:00	마무리		

워크숍 진행

워크숍은 목적이 분명했고 활기찼다. 대부분의 참석자들은 워크숍을 통해서 상세한 내용을 확인할 수 있다고 생각했기 때문에 사전에 배포된 보고서를 대충 훑어보았을 뿐이라고 인정했다. 그래서 그들은 처음에 IT 관리자를 제외한 모든 사람들이 어려움을 겪었던 시스템 모델에 대해 서로 질문을 주고받았다. 그리고 참여자들은 워크숍 후에 이 과정을 긍정적으로 평가했다.

허윤정은 프레젠테이션을 면밀히 관리해야 했다. 왜냐하면 참석자들이 각 전략의 기본 요소에 대해 이야기하지 않고, 세부 사항을 완전히 파악하기도 전에 장단점에 대해 논의를 시작할 수 있기 때문이다.

T-차트를 작성하면서 참여자들은 즐거워했고, 자유롭게 논의했다. T-차트 점수를 통해 공개적으로 결정한 최종 선택은 비밀 투표 결과와 같았다.

후속 조치

허윤정은 워크숍의 진행 사항을 요약한 보고서를 작성했는데, 특히 각 전략에 대해 열거된 장단점을 점수와 함께 상세히 기술했다. 이 보고서는 조직 전체에 배포하여 모든 사람들에게 진행 상황을 알렸다. 최고 경영자는 긍정적으로 평가했고, 보고서 내용대로 진행하기로 최종 결정을 내렸다. 그리고 새로운 시스템의 구현을 준비할 수 있도록 추가 워크숍이 개최되었다.

사례 4
프로토타입 검토 워크숍

이상훈은 보험과 은행 분야의 고객들을 위한 시스템 구축 전문 소프트웨어 회사에서 일한다. 이상훈은 보험 정책을 기록하고 검색하는 시스템 개발을 주도하고 있었다. 프로젝트 초기에는 고객이 원하는 것을 제대로 파악하지 못했기 때문에 사용자 인터페이스에 대한 정확한 범위가 정해질 때까지 시간 단위로 프로젝트가 수행되었다. 시간 고용 계약이란 공급자가 수행한 모든 작업에 대해 매일 요금을 지불한다는 것을 의미한다.

이상훈과 그의 팀은 논의의 시작을 위해 초기 사용자 요구 사항을 기반으로 한 프로토타입 시스템을 구축했다. 이상훈은 고객사의 사용자들이 프로토타입을 시연하고 그 적합성에 대해 의견을 수렴하기 위해 반나절 워크숍을 개최하기로 결정했다.

워크숍 목적 정의

워크숍의 목적은 다음과 같이 정의되었다.

> 프로토타입을 검토하는 워크숍은 현재 사용자 인터페이스 프로토타입의 적합성에 대해 건설적으로 의견을 말할 수 있는 사용자에게 시연하는 것을 목표로 한다. 의견은 모두 기록될 것이며, 차기 프로젝트 위원회는 이러한 의견을 반영하여 어떤 사항을 채택하고, 어떤 사항을 채택하지 않을 것인지를 결정할 것이다.

워크숍 계획

이상훈은 숙련된 소프트웨어 엔지니어였기 때문에 프로토타입을 알고 있었다. 검토 워크숍은 신중하게 계획하고 도입해야 했다. 그는 워크숍이 실제로 이용 가능한 기술 또는 일반적인 비용과 일정 내에서 변경될 수 있는 것에 대한 사용자의 기대 수준을 무리하게 높이지 않도록 할 필요가 있었다.

이상훈은 네 명의 고객부서 관리자와 프로젝트의 스폰서를 초대했으며, 각 부서 관리자가 현재 시스템의 숙련된 사용자를 참여시켜야 한다고 제안했다. 숙련된 사용자 참여는 정기적으로 수행되는 일반적인 기능에 대한 심층적인 지식을 제공하기 위한 것이다.

이상훈은 세 개의 '부속' 단말기가 달린 PC를 설치하여, 3명으로 구성된 각 그룹이 화면을 볼 수 있도록 했다. (시스템은 프로토타입에 불과했기 때문에 사용자들이 이용할 상태는 아니었다.) 3명의 참석자는 각각 부속 단말기 앞에 앉아 시연을 지켜보기로 했다. 이상훈은 개발팀 직원을 참여시켜 기술적인 질문에 답하게 하고, 자신은 서기 역할을 했다.

프로토타입 검토 워크숍에 참여자를 초대하는 이상훈의 초대장은 아래와 같다.

프로토타입 검토 워크숍

10월 12일 금요일 09:00-12:00

워크숍 주제

여러분은 반나절 워크숍에 참석하여 D시스템의 사용자 인터페이스 프로토타입을 검토할 예정입니다. 프로토타입은 초기 고객의 요구 사항에 따라 제작했으며, 여러분들은 고객의 요구에 프로토타입이 얼마나 적합한지를 피드백 해주셔야 합니다.

6월에 합의된 고객의 요구 사항을 사본으로 첨부합니다. 초기 요구 사항은 정해져 있지만, 이 외의 변경 사항은 기록되어 프로젝트 위원회의 승인을 받을 것입니다.

워크숍 진행 순서	
09:00	소개 도입 기술의 기능 설명 비용 및 일정 요약 시스템 시연
10:30	휴식
10:45	시연에 대한 토론 투표 실시 (중요한 부분과 중요하지 않은 부분)
12:30	마무리

워크숍 계획은 아래와 같다.

프로토타입 검토 워크숍 설계

시간	활동 내용	소요시간	대상
09:00	소개 1) 참석자 각자에게 기존 시스템에서 유지하고 싶은 2가지 요소와 새로운 시스템에서 추가하고 싶은 2가지 요소 질문 2) 지금까지 합의된 요구 사항을 설명 3) 선택한 기술의 기능 설명(수행할 수 있는 것과 수행할 수 없는 것)	30분	전체 참여
09:30	비용과 일정을 재검토 시스템 시연 참석자들에게 질문하기 전에 시연하고 있는 화면을 보도록 요청 시연 화면은 5분 길이로 총 4회 진행	60분	전체 참여 (3인 1조)

	참석자들에게 다음과 같은 제목 아래 각 화면의 장단점을 메모하도록 요청 • 시스템의 기능 • 여러 화면과 메뉴 간 탐색 • 각 시스템의 전반적인 구성과 느낌 각 화면마다 질문을 하고, 휴식이 끝날 때까지 모든 의견을 작성하도록 참석자들에게 요청		
10:30	휴식		
10:45	한 번에 한 화면씩 검토 사항을 논의 T-차트를 사용하여 각 화면의 장점과 단점을 기록	75분	전체 참여
12:00	도출된 모든 단점들 중 15개의 도트스티커를 분배하여 가장 큰 단점에 표시하도록 요청 참석자는 각각 스티커를 플립차트 목록에 직접 투표 각 단점에 스티커 부착 (단, 항목당 최대 3개의 스티커 사용 가능)	10분	개인별
12:10	요약	20분	전체 참여
12:30	마무리		

워크숍 진행

워크숍은 목표 지향적이고 활기차게 진행되었다. 특정 기능 중 하나가 많은 문제가 있는 것으로 보였고, 추가 논의를 위해 30분의 시간이 더 필요했다. 이상훈은 참여자들과 시간을 연장하기로 협의했다.

참여자들은 워크숍의 구조와 진행 방법을 좋아했으며, 특히 시작 시 할 수 있는 기능과 할 수 없는 기능으로 구분하는 방식을 높이 평가했다. 왜냐하면 그들이 해줄 수 없는 것을 요구하는데 시간을 낭비하지 않기 때문이다.

한 참석자는 워크숍의 전반부 동안에 적극적으로 참여하지 않았다. 이상훈은 휴식 시간에 그에게 개인적으로 물었고, 그가 시스템에 대하여 의견을 제시할 만큼 자주 사용하지 않는다는 것을 알게 되었다. 단지 그는 상사의 지시로 워크숍에 대신 참석했기 때문이다.

이상훈은 질의응답 시간에 진행과 서기 역할을 동시에 하는 것이 상당히 어렵다는 것을 알았다. 다시 워크숍을 진행한다면 다른 팀원이 서기 역할을 하도록 할 것이다.

후속 조치

이상훈은 참석자들이 질문한 내용과 기술직원이 답변한 내용 그리고 참여자들이 논의한 장점과 단점(스티커 점수 포함)을 정리한 보고서를 작성했다. 이상훈은 각 안을 실행하는 데 필요한 소요 시간, 비용에 대한 정보를 추가했다.

프로젝트 위원회는 워크숍의 성과에 만족하였고, 특히 투표 결과가 의미가 있다는 것을 알게 되었다. 이상훈의 보고서는 프로젝트 위원회가 각각의 목록을 검토하고 우선순위를 파악하는 데 도움이 되었다.

FACILITATION
made easy

CHAPTER **9**

특별한
워크숍 사례

SPECIAL CASE
WORKSHOPS

특별한 워크숍 사례란 어떤 것인가?

모든 워크숍은 특별하다. 표준적이고 반복 가능한 워크숍이란 없다. 그 이유는 다음과 같다.

- 퍼실리테이터가 진행하는 회의의 대상 그룹은 다양한 개성을 지닌 참석자들이 함께하기 때문에 그룹의 역동성도 다양하다. 따라서 다양한 기술과 스타일을 적용하여 대응할 수 있어야 한다.
- 조직이나 팀의 이슈는 시간이 지남에 따라 특징과 중요성이 바뀌므로, 퍼실리테이터는 회의를 진행하는 동안 다양한 방법으로 이를 관리해야 한다.

- 참석자들은 이슈를 제각기 다르게 인식할 수 있으므로 반응, 에너지 수준 및 창의성의 크기가 달라질 수 있다.

제9장에서는 특별히 주의를 기울여야 할 두 가지 유형의 워크숍을 소개한다. 왜냐하면 이러한 유형들은 생각해야 할 것이 많고, 더 많은 실패가 발생할 우려가 있기 때문이다! 최고의 팀 워크숍과 이종 문화 간 워크숍이 대표적인 유형이다. 이 두 유형은 준비를 잘할 경우 큰 지렛대(leverage) 효과[1]를 얻을 수 있다.

이 세션에서는 신뢰할 수 있는 동료들과 좋은 친구 알렉스 클라크(Alex Clark) 그리고 전문 컨설턴트 앤 마리 손더스(Anne-Marie Saunders)에게 도움을 받았다. 알렉스와 앤 마리는 휴렛패커드(Hewlett Pakard)나 에스티마이크로일렉트로닉스(STMicroelectronics)와 같은 다양한 문화를 가진 조직의 고위 관리자 그룹들과 함께 진행한 퍼실리테이션 활동에 대한 자신의 성찰 내용을 공유해 주었다.

최고의 팀 워크숍

질문: 팀이 팀이 아닌 경우는 언제일까요?

답변: 최고의 팀일 때입니다!

---

1. 지렛대(leverage) 효과: 차입금 등 다른 사람의 자본을 이용해 자기자본이익률을 상승시키는 효과를 일컫는다. 여기서는 준비 단계에서 세심하게 신경 쓰면 그것이 지렛대가 되어 워크숍 운영 단계에서 좋은 성과를 거둘 수 있음을 비유한 것이다.

이것은 진부한 농담이지만, 항상 그런 것은 아니다. 그럼에도 불구하고, 여기에는 참고할 만한 중요한 메시지가 있다. 최고의 팀들은 똑똑하고, 성공지향적이며, 강력한 목표의식을 가진 유능한 사람들로 구성되어 있다. 최고의 팀원들은 대개 자신의 역할이 성과로 측정된다는 것을 알고 있기 때문에 그들의 목표가 충돌하는 경우가 많다. 최고 팀은 아마도 한 팀이 되어 조직에서 많은 시간을 함께 보내지는 않을 것이다. 그래서 최고의 팀원으로 구성된 팀이 항상 최상의 성과를 내지 못할 수도 있다.

최고의 팀 워크숍의 의미는 무엇인가? 최고의 팀 워크숍은 조직의 최고 관리자가 함께 앉아 이슈에 대한 공통된 사항을 이해하고 의사결정과 실행 계획을 도출하는 것이다. 다음과 같은 사례가 있다.

- 제품 전략 수립
- 조직 문화의 발전 방향 도출
- 시스템의 변경에 대한 고려
- 합병 계획
- 다양한 부서 간의 공동 작업 개발

최고의 팀 워크숍에서 퍼실리테이터는 다음 항목을 요청받는다.

- 자극과 흥미를 줄 수 있는 분위기 조성

- 외부 노하우 공유
- 프로세스 체계화
- 의견을 체계적으로 정리
- 실행을 위한 촉매 역할
- 활동에 대한 전반적인 피드백
- (빈도가 낮기는 하지만) 의견 중재자
- 결과에 대한 책임 (조심하라, 당신이 희생양일 수 있다!)

최고의 팀이 왜 유능한 퍼실리테이터를 원하는지, 그들이 퍼실리테이터에게 무엇을 기대하는지, 전에 누가 진행했는지, 그리고 그 워크숍이 얼마나 효과가 있었는지를 확실히 파악해야 한다. 퍼실리테이션은 모든 참석자들이 다양한 의미를 갖고 참여한다. 이는 주요 내용을 제시하는 것부터 토론 관리, 참석자 관찰, 최종 피드백에 이르기까지 다양하다. 최고의 팀은 높은 기준과 명확한 기대를 가지고 있기 때문에 시작하기 전에 퍼실리테이터는 자신의 역할을 분명히 해야 한다.

준비가 중요하다

최고 팀 워크숍에서는 준비가 매우 중요하다. 참석자가 당신을 신뢰할 수 있게 하고 워크숍 주제와 설계가 주요 이슈에 초점을 맞추려면, 최소한 일반 워크숍의 두 배 이상의 준비가 필요하다. 워크숍의 가치를 인정하도록 하는 것이 중요하며, 워크숍 전에 최고의 팀원들과 미리 일대일 대화를 하는 것이 가장 좋은 방법이다.

- 가능한 한 많은 참석자들과 일대일 면담을 하도록 하라. 이를 통해 참석자별 관심 주제를 확인하여 워크숍에 대한 기대 수준을 설정할 수 있다. (참석자들과 미리 면담을 하기 위해서는 끈기가 필요하다. 면담이 참석자들에게 도움이 된다는 것을 알려주어라.)
- 관련된 회사 문서를 통해 현재 이슈에 대한 최신 정보를 얻어라. (이때, 워크숍의 주제에만 국한하지 말라.)
- 관련된 그라운드룰(회의 기본 규칙)을 포함하여 개회를 매우 신중하게 준비하라.
- 이전에 어떤 워크숍이 개최되었고, 그 워크숍은 어떻게 진행되었는지 알아보라.
- 참석자들에 관해 가능한 한 많이 알아보라. (예를 들면 역할, 이력, 전망, 주요 관계, 전문성 등)

현명하게 행동하라

고위 관리자들은 합의를 이끌어 내는 데 능숙하다. 그들이 동의하고 수용한 것처럼 보이지만 정작 필요한 조치를 취하지 않는다는 얘기다. 이런 일이 최고 팀 워크숍에서 일어날 수 있다는 것을 주의하라. 만약 고위 관리자들이 합의하는 것이 효과적이라는 것을 알게 되면, 실행에 관계없이 반드시 합의는 할 것이다. 워크숍 전에 각 고위 관리자와 일대일로 면담한다면, 이미 실제 생각의 일부를 당신과 공유했기 때문에 이런 행동이 일어날 가능성은 매우 적다. 당신의 임무는 워크숍 참석자들이 중요한 문제를 공개적이고 건설적으로 제기한 후 합의된 내용이 실행되도록 하는 것이다.

고위 관리자들은 서로에게 또는 퍼실리테이터에게 거칠게 대할 수 있다. 이것은 어느 정도까지는 영역 다툼으로 나타나기 때문에, 만약 퍼실리테이터가 내성적이라면 한 발 물러서는 것이 좋다. 고위 관리자들은 일반적으로 강한 성향을 띄므로 그들의 말에 민감하게 반응하지 말라. 모든 참석자가 관련 이슈에 집중하고 자신의 의견을 공유하도록 격려하는 원칙을 고수하라.

참석자들의 권력 관계에 주의하라. 퍼실리테이터가 원하는 대로 참석자들을 통제할 수는 없다. 예를 들어, 영향력이 약한 고위 관리자들에게 조용히 하라고 하면 조용해질 것이다. 그들은 나중에 워크숍이 끝난 후 연락하여 이를 따질지도 모른다. 영향력이 강한 고위 관리자들은 당연히 조용하게 하려는 시도에 저항할 것이다. 만약 그들의 저항이 우려된다면 퍼실리테이터가 어떻게 행동했으면 하는지를 해당 팀원들에게 미리 확인하는 것이 현명하다.

만약 퍼실리테이터가 제대로 준비한다면, 워크숍을 진행하는 동안 어떠한 비난도 견뎌낼 수 있을 것이다. 직접적으로 대응하지 말라. 기본 규칙을 다시 확인하고 워크숍의 목표를 반복하여 설명하는 것이 가장 좋다. 일반적으로 참석자들은 워크숍 성과에 대한 비난보다는 수용되지 못한 자신의 욕구에 대한 불만을 표출한다.

무엇을 준비했는지 알려라

고위 관리자들은 전문 지식과 경험이 풍부하다. 그들은 퍼실리테이터에게 도전할 것이고 퍼실리테이터가 자신의 분야에서 전문 지식과 경험이 있기를 기대할 것이다. 퍼실리테이터에 대한 신뢰가 중요하며, 이는 워크숍 초반에 확보할 필요가 있다. 퍼실리테이터는 관련 기술, 경험 및 지식 측면에서 워크숍을 위해 무엇을 준비했는지 초반에 알려야 한다.

스폰서가 모든 것을 알고 있고, 모든 것을 해주기를 기대하지 말라

워크숍을 준비하는 데 있어 소통 대상은 누구인가? 워크숍 스폰서는 최고의 팀원 중 한 명일 수도 있고 아닐 수도 있다. 어느 쪽이든, 스폰서는 이슈에 대해 자신만의 견해를 갖고 있을 것이다. 스폰서가 알고 있는 것이 '진실'이라고 기대하지 말라. 워크숍 전에 다른 사람과 대화하여 (특히 중요 이슈에 대해) 다양한 의견을 수집함으로써 스폰서의 견해를 확인하라. 또한 스폰서가 얼마나 큰 권한이 있고 존경받고 있는지 파악하라. 이 과정을 통해 스폰서가 제공하는 정보를 필터링할 수 있으며, 워크숍 환경을 신뢰하고 효과적으로 준비하기 위해 누구와 관계를 구축해야 하는지 파악할 수 있다.

만약 스폰서가 효율적이고, 존경받고, 의사소통을 잘하고 있다면, 퍼실리테이터는 워크숍 준비와 기대 수준 관리에 문제가 없을 것이다. 최고의 팀 워크숍에서는, 추측과 판단으로 잘못된 전제를 하기보다는 철저하게 준비를 하는 것이 더 낫다. 점검해야 할 모든 것(장비, 장소, 다과, 메시지 전달, 인터넷 사용 가능 등)을 체크리스트로 작성하고 관련자와 소통해야 한다. (사전 읽을거리, 워크숍 목표, 날짜 및 시간 등을 참석자 및 다른 주요 이해관계자들에게 통보하는 등) 스폰서 및 담당자와 함께 이 절차를 수행하라.

세세한 부분까지 주의를 기울여라

최고의 팀은 전술적이거나 운영적인 이슈에 관심을 가지는 경향이 있다. 왜냐하면 그 일이 더 쉽고, 안전하며, 즉각적이기 때문이다. 큰 전략적 이슈는 파악하기 어렵고 해결책이 명확하지 않다. 회의 전에 마련한 기본 규칙이 도움이 되지만, 퍼실리테이터는 논의 중에 옆길로 언제 빠지는지 알아차려야 하며, 단순한 운영 문제에 치중하지 않도록 해야 한다. 분위기를 전환하는 데에는 말로 하는 경고보다 퍼실리테이터의 수신호가 도움이 될 수 있다. 예를 들면 참여자들이 세부 사항에 빠지지 않도록 손바닥을 위로 하여 손을 들어올리는 등의 제스처를 사용할 수 있다.

빨리 실행하고 계속 참여시켜라

최고 팀은 신속하게 주제를 정하고 초반부터 참여시켜야 한다. 설명을 짧게 (최대 20분) 유지하고 토론이 잘 구조화되었는지 확인하라. 최고 팀이 구체적인 실행을 향해 가고 있는지 확인할 필요가 있다. (너무 오래 걸려서는 안 된다.)

문화가 다른 참여자 워크숍 (이종 문화 워크숍)

You like potato, and I like potahto.
You like tomato, and I like tomahto;
Potato, potahto, tomato, tomahto!
Let's call the whole thing off!

But oh! If we call the whole thing off, then we must part.
And oh! If we ever part, then that might break my heart!

So if you like pajamas and I like pajahmas,
I'll wear pajamas and give up pajahmas.

For we know we need each other,
so we'd better call the calling off off.

당신은 포테이토를 좋아해요. 나는 포타토를 좋아하고요.
당신은 토메이토를 좋아하고요. 나는 토마토를 좋아해요.
포테이토, 포타토, 토메이토, 토마토 그 모든 말들을 그냥 잊어버려요.

그러나 오! 만일 우리가 계속 이런 것을 무시하게 되면
우리는 헤어지게 될 거예요.

그리고 오! 만일 우리 둘이 헤어진다면 나의 심장은 산산조각 날 거예요.
그래서 만약 당신이 퍼자마를 좋아하고 내가 파자마를 좋아하면 나는 퍼자마를 입고 파자마를 포기할 거예요.
우리를 위해, 우리가 서로를 필요로 하고 있다는 것만 기억해요.

이 노래는 영화 '쉘위댄스(Shall We Dance)'(1937)에 삽입된 'Let's Call The Whole Thing Off'이다. 이 곡은 아이라 거슈윈(Ira Gershwin) 작사, 조지 거슈윈(George Gershwin) 작곡으로 프레드 아스테어(Fred Astaire)와 진저 로저스(Ginger Rogers)가 노래했다.

그 유명한 거슈윈(Gershwin)의 노래는 많은 사랑을 받고 계속 불리고 있다. 그것은 또한 다양한 문화의 사람들이 참여하는 퍼실리테이션을 진행한다는 것이 어떠한 것인지 잘 표현해 주고 있다. 이 노래의 커플은 분명 사랑에 빠졌지만 언어 차이로 인해 헤어지겠다고 위협하고 있다. 위의 노래의 끝부분처럼 그들이 관계를 유지한다면, 그들은 결실을 맺고, 사랑스럽고 흥미진진한 관계가 될 것이다. 다양함이 인생을 즐겁게 한다. 어떤 상황에서든 새로운 관점과 더 많은 학습의 기회를 얻기 위해서는 문화의 차이를 이해하면서 함께할 필요가 있다.

그렇다면 이종 문화란 무엇인가? 어떤 의미에서 모든 워크숍은 서로 다른 문화의 사람들이 참여한다. 아래 나열된 항목과 같이 워크숍 참석자 그룹의 배경은 다양할 것이다.

- 지식 / 기술 / 근무 기간 / 직급 / 직무 (예: 마케팅, 총무, 재무, HR 등)
- 연령 / 언어 / 인종 / 국적 / 성별 등
- 재능 / 추진력 / 체력 / 학력 / 경험 / 성격 유형 등

전통적으로 '이종 문화(cross-cultural)'라는 용어는 국가 간(cross-national)의 문화 차이를 의미하는데, 여기서는 이 정의에 기능 간(cross-functional)차이와 조직 간(cross-organizational) 차이를 포함했다. 이것은 우리가 다양한 집단을 퍼실리테이션 하기 위해 일반적인 주제를 탐구하는 데 도움이 될 뿐만 아니라, 명백한 국가적 차이('영국인은 과묵하

다', '프랑스인은 표현이 풍부하다' 등)를 넘어서는 것이 필요함을 강조한다.

이러한 눈에 띄는 국가 간 차이는 흥미롭고 때로는 유익할 수 있다. 그러나 이러한 차이점들은 실제 이슈들을 추측하기 위한 출발점이 아니라 인식해야 할 대상이다. 최악의 경우, 이러한 국가 간 차이에 대한 토론은 반대 견해를 유지하고 우월감을 조성하는 근거가 되기 때문이다.

문화가 서로 다른 사람들이 참여한 워크숍을 진행할 때는 두 가지 규칙이 필요하다:

규칙 1: 이종 문화의 혼합도가 복잡할수록 신중해야 하고 더 철저한 계획을 세워야 한다.
규칙 2: 할 수 있다고 믿어라! 이종 문화의 혼합된 그룹은 핵심이슈에 대한 이해를 공유할 수 있고 의사결정과 실행을 향해 함께 움직일 수 있다.

나는 함께 토론할 가치가 있는 주제를 여러 그룹으로 나누었다.

목적의 명확성

모든 워크숍, 특히 다양한 그룹을 위한 워크숍은 목적이 명확해야 하고, 이해하기 쉬운 언어를 사용해야 한다. 다양한 언어를 사용하는 그룹에 대해 퍼실리테이션 할 때는 비즈니스 전문 용어와 속어는 사용하지 않는 것이 좋다.

워크숍을 시작할 때는 20분 이상의 시간을 할애하여 어떻게 진행할지 설명해야 한다. 먼 길을 온 사람들이 신체적, 심리적으로 안정감을 찾을 수 있도록 해야 한다. 또한 직급의 차이에서 오는 불이익이 없을 것이라는 확신도 주어야 한다.

기본 규칙을 정하는 것은 중요하다. 발생할 수 있는 실질적인 문제를 예상하고, 워크숍 시작 시 기본 규칙을 정하여 회의를 운영해야 한다. 예를 들어, 마케팅 및 생산, 회계 담당자 등을 한자리에 모아 놓고 대화를 나누게 한다면 소통의 문제가 생길 수 있다. 이런 경우에는 워크숍의 목적을 강조해야 한다. 즉, 관점을 공유하고 다른 관점에 대한 이해를 높이는 것, 그리고 모든 사람이 듣고, 말을 할 수 있도록 기본 규칙을 정하고, 이를 모니터링 해야 한다.

활동 유형

다양한 참석자로 구성된 그룹은 다양한 활동이 필요하다. 예를 들어 재무, 회계 또는 전산, 영업 직원들이 편안하게 참여할 수 있게 분위기를 만들고, 자연스럽게 활동할 수 있어야 한다. 이러한 직무에 따른 잠재적 차이를 수용할 수 있는 성찰의 시간이 있는지도 확인해야 한다.

다른 국적의 사람들은 지위와 연공 서열의 인식에 차이가 있다. 서양(네덜란드, 영국)에서는 유능한 후배에게 소규모 그룹 토론을 요청하거나, 공개 포럼에서 의견을 말할 것을 기대할 수 있지만, 동양에서는 그 상황이 불편할 수 있기 때문에, 모든 사람이 편안함을 느낄 수 있도록 적절하게 활동을 구성해야 한다.

참석자들이 워크숍에서 얼마나 편안함을 느끼는지 확인해야 한다. 경험에 따르면 어떤 참석자들은 주입식 훈련에 더 익숙하기 때문에, 자유롭게 참여할 수 있는 활동을 위해서는 격려가 필요하다. 참석자들을 자연스럽게 나누고, 소그룹 활동을 주의 깊게 관찰해야 한다.

일부 참석자들은 이색적인 행사에 참석한 경험이 있을 수도 있으므로, 퍼실리테이터가 계획한 것보다 더 다양한 즐거움을 기대할 수도 있다. 이는 대규모 다국적 기업에도 해당될 수 있다. 동료 및 담당자와 참석자들의 경험을 확인하고 활동을 계획해야 한다. 그들은 무엇을 기대하고 있을까? 당신은 무엇을 해줄 수 있는가?

워크숍을 원활하게 진행하기 위해서는 문제를 해결하는 방법이 매우 독창적이어야 한다.

이미지와 은유 사용

워크숍을 의뢰했던 어떤 고객은 그가 경험한 국제 고위 경영진 워크숍에서 직면한 어려움에 대해 말했다. 그가 HR 관리자로서 일하고 있는 다국적 전자 회사는 직무 변화에 관한 문제를 다루고 있었다. 이 행사를 지원하는 영국의 컨설턴트들은 이 주제를 탐구하고 토론을 자극하기 위해 도넛에 비유해서 설명했다.

일반적으로 도넛은 중간에 구멍이 뚫려 있는 미국식 정의를 사용한다. 그러나 영국의 컨설턴트들은 중간에 구멍이 없는 영국식 도넛에 비유하여 설명했다. 중심은 핵심 작업, 바깥쪽은 성장, 학습 및 유연성을 발휘할 수 있는 내용으로 비유했다.

[그림9.1] 미국 도넛(좌)과 영국 도넛(우)

이것은 프랑스, 미국, 영국, 이탈리아의 참석자들이 도넛이 정확히 무엇인지에 대해 1시간 내내 혼란스러웠다는 것을 제외하면, 훌륭한 모델이었을 것이다. 미국에서 도넛은 중간에 구멍이 뚫린 모양이지만, 프랑스에는 그런 것이 없다. 베이글이라면 모를까. 이탈리아인들도 혼란스러워했다. 영국에는 도넛에 구멍이 없다. 도대체 구멍이 어디에 있는가?

　이미지와 은유는 이종 문화 워크숍에서는 혼란스러워지기 쉽기 때문에 매우 신중하게 선택되어야 한다. 자연을 이용한 이미지는 사람들이 쉽게 이해할 수 있기 때문에 매우 유용하다. 산을 오르고, 빠르게 흐르는 강을 따라 여행하고 거친 바다를 건너는 것과 같은 도전들에 대한 이야기는 금세 공유된 의미를 만들어 낼 수 있다.

예제 사용

일부 워크숍에서 퍼실리테이터는 새로운 사고방식을 설명하거나, 활동에서 요구되는 결과물 양식을 확인하거나, 다른 부서나 조직이 특정 문제를 해결하는 방법들을 참여자들에게 알릴 필요가 있다.

　사례는 다양한 그룹을 염두에 두고 신중하게 선택해야 한다. 가능한 한 많은 관련 자료(기능 영역, 조직 유형, 문화적 배경, 성별/민족 유형)에서 사례를 가져와야 한다. 이를 통해 모든 참석자가 사례의 유용성을 느끼고, 다 같이 참여하게 될 것이다.

언어 사용

워크숍이 모든 참석자의 모국어가 아닌 언어로 진행되는 경우, 진행하는 언어가 통일되게 받아들여질 수 있도록 명확히 해야 한다. 퍼실리테이터는 언어가 유창하지 않거나 모국어가 아닌 참석자들을 위해 짝을 지어주고, 그들이 워크숍의 흐름을 따라올 수 있도록 해야 하며, 함께 휴식 시간을 보내라고 요청해야 한다.

퍼실리테이터는 명확하고 단순한 언어를 사용해야 한다. 그림이나 자연을 활용한 은유는 해결 중인 문제를 신속히 공유하고 이해하는 데 도움이 된다.

다양한 문화를 가진 참석자 이해하기

많은 조직들이 현재 정기적인 대면 없이, 때로는 이메일만으로 소통을 하고 있다. 대부분의 경우 모두가 합의된 의제를 가지고 있고, 중대한 실수가 없는 한 모든 것이 순조롭게 진행된다.

퍼실리테이터는 종종 일이 잘못되거나 상황이 변경될 때 투입되는데, 그런 경우 그들이 긍정적으로 이야기하게 할 수 있도록 준비해야 한다.

국가별 차이가 문제가 될 수도 있지만, 휴렛패커드 같은 다양한 문화를 가진 조직에서는 사람들 사이의 차이가 종종 다른 기능적 관점, 다른 안건 또는 단순히 서로를 잘 알지 못하는 데서 발생한다. 그러므로 문제를 국가적 또는 문화적 차이로 맞추는 것을 조심해야 한다.

주최하기

먼 곳에서 워크숍에 참석한 사람들을 위해 어떻게 행사를 개최하는 것이 좋은지 고려해야 한다. 참석자가 처음으로 국가, 지역 또는 조직을 방문하는 경우에 특히 중요하다. 이것은 커피를 준비하고 에어컨을 제대로 작동시키는 것이 아니다. 공식적으로 행사의 세부 사항을 챙기는 것은 퍼실리테이터의 업무가 아닐 수도 있지만, 고객 또는 스폰서는 행사가 원활하게 진행되고 기억에 남을 수 있도록 퍼실리테이터의 도움을 필요로 할 수도 있다. 점검해야 할 사항은 다음과 같다.

- 참석자들이 체크인하고, 체크아웃 할 시간이 있는가?
- 시차가 있는 국가에서 방문한 참석자는 언제 이메일을 사용하거나, 통화가 가능한가?
- 특별한 아침식사를 기대하는 참석자도 있을 것이다. 이와 관련하여 어떤 상황이 예상되는가? 사소한 문화적 안락함은 사람들을 편안하게 만드는 데 큰 도움이 될 수 있다.
- 시차가 있는 국가에서 방문한 참석자가 가장 불편한 시간은 언제인가? 예를 들면, 영국에서 오전에 워크숍을 진행할 때, 미국은 아직 새벽일 것이다.
- 만약 숙박을 해야 한다면, 그 지역을 모르는 사람들을 위해 무엇을 준비해야 하는가? 지역 식당이나 임시 예약에 대한 조언은 도

움이 될 수 있다.
- 방문자가 해당 지역을 관광하기를 원할까? 이러한 정보를 준비하는 것도 가치가 있을 수 있다.
- 참석자들에게 행사, 지역 또는 조직의 기념품을 제공하는 것을 고려했는가?

퍼실리테이터의 선택

퍼실리테이터는 어떤 문화 그룹을 대변할까? 만약 퍼실리테이터가 문화의 역동성을 잘못 이해한다면, 불필요한 긴장이나 장벽이 참석자들에게 무의식적으로 나타날 수 있다. 다음과 같은 입장을 고려했는가?

- 본사 입장
- 고위 경영진 입장
- HR 부서의 입장
- 전통적인 입장
- 신세대의 입장
- 국가적 차원의 입장

고정관념, 해석, 냉소주의 및 파벌주의와 같은 문제들을 해결하기 위해 함께 퍼실리테이션(Co-Facilitation) 하는 것이 유용하다. 공동 워크숍에서는 다른 퍼실리테이터와 함께 워크숍을 운영하고, 세션의 주도권을 넘겨주는 활동이 포함된다. 예를 들어, 워크숍을 공동 진행할 때, 한 퍼실리테이터는 HR 부서와 개발 부서의 접근 방식을 대변했고, 다른 퍼실리테이터는 품질에 대한 회사의 노력과 프로세스 중심의 접근 방식을 대변했다. 참석자들은 이것이 QA 프로그램이나 HR 주도의 교육이 아니라 워크숍에 의해 지원되는 회사 차원의 계획이라는 것을 이해했다.

또 다른 예를 들자면, 대규모 마케팅 및 IT 디자인 인력 그룹을 대상으로 국제 워크숍을 공동 진행했다. 한 퍼실리테이터는 IT 디자인 경험을 가지고 있고, 다른 퍼실리테이터는 마케팅 경험을 가지고 있었다. 그때 발생한 문제는 참석자 집단과 퍼실리테이터 구성의 조합이었다. 참석자 집단은 평균 연령 29세 남성 30명이었고, 2명의 퍼실리테이터는 40대 여성이었다. 몇 시간 안에 퍼실리테이터는 전혀 의도하지 않게 엄마가 되었고, 참석자들은 장난꾸러기 소년이 되었다. 한 참석자는 두 명의 엄마를 대하고 있는 느낌을 받았다고 불만을 표출했다. 돌이켜보면 퍼실리테이터의 조합이 남자 1명과 여자 1명이 더 적절했을 수 있다. 따라서 발생할 수 있는 문제를 미리 생각하면 행동에 대한 기본 규칙을 세우는 데 도움이 될 것이다.

여기서 잠깐!

Question 1

영국에 본사를 둔 대형 통신 회사의 HR 이사는 경영진을 위한 2일간의 워크숍을 운영하기를 원한다. 경영진은 재무 이사, 관리 이사, 마케팅 이사, 영업 이사, 품질 이사, HR 이사로 구성된다. 주제는 '우리의 가치'이며, 목적은 사업에 대해 합의된 가치를 도출하는 것이다. HR 이사는 관리 이사가 회사의 가치관 대신 자신의 모호한 가치를 주장하는 경향이 있다고 말한다. 이 문제를 어떻게 해결할 것인가?

Question 2

마케팅 팀원 20명을 대상으로 하는 워크숍을 진행해야 한다. 워크숍의 목적은 그들의 업무 우선순위를 파악하고, 향후 2년간 계획을 수립하는 데 있다.

파리에서 일하는 프랑스인 8명과 맨체스터에서 일하는 영국인 12명으로 팀이 구성되어 있다. 이들은 1년 전에 잠깐 만났을 뿐이다. 그 후로 한두 사람이 세부적인 기술적 문제를 해결하기 위해 서로 방문했을 뿐, 다른 모든 연락은 전화나 이메일을 사용했다.

영국에 본사를 둔 팀 매니저는 당신에게 퍼실리테이션을 진행해 달라고 부탁했다. 그는 이 워크숍을 통해 프랑스 직원들과 업무 진행의 방향성을 맞추기를 원했다. 매니저는 프랑스 직원들이 비협조적이고 예측 불가능하다고 생각하고 있다. 어떻게 대응할 것인가?

CHAPTER 10

원격지
퍼실리테이션

FACILITATING VIRTUAL
MEETINGS

원격지[1] 팀, 그들은 어떻게 일할까?

조직의 많은 팀들이 서로 다른 근무지에서 일한다. 이들은 같은 건물에 있지 않고, 다른 지역 또는 전 세계에 흩어져 있으며, 다른 지역의 상사를 위해, 혹은 다른 시간대에 다른 환경에서 일하기도 한다. 그들은 IT기술에 의존하여 의사소통과 협업을 하고 있다. 원격지 팀은 전체 팀에 대한 지식 없이도 팀 구성원과 함께 상황에 맞춰 변화되는 팀에 대한 소속감을 가질 수도 있다. 그 팀에는 다양한 민족 문화가 있을 수 있으며, 많은 언어가 있을 수 있다. 그러므로 그들 모두가 명확한 공동 목표를 위해 일하고 있지 않을 수도 있다.

---

1. 시간적, 공간적으로 멀리 떨어져 있는 장소

팀 관리가 복잡해지면서, 터크만(Tuckman)의 조직 이론(형성기, 혼돈기, 규범 확립기 및 성숙기 등으로 표현되는 조직 이론)은 더 이상 팀에 적용되지 않는 경우가 많다. 정형화된 매뉴얼 중심으로 일하거나, 고정적인 팀에서만 일하는 상황은 이제 찾아보기 힘들다.

원격지 팀의 유형은 다양하다. 조직에서 자주 사용되는 원격지 팀의 유형은 아래와 같다.

- 네트워크: 네트워크는 정보, 지식 및 가능한 자원을 교환하는 사람들의 그룹이다. 그들은 다른 사람들의 연구를 검토하고, 아이디어를 수집하거나 제안을 하도록 요청받을 수 있다. 구성원의 자격은 유동적이지만 목적은 분명하고, 공통의 관심사가 있다. 이러한 사례는 IT 공급자와 하청업체의 사이에서 흔히 볼 수 있다.

- 프로젝트 그룹: 프로젝트 그룹은 계획된 일정에 결과물을 내야하는 유동적인 그룹이다. 팀은 함께 작업을 완성하고 결정을 내려야 한다.

- 직무 그룹: 직무 그룹은 정기적인 진행 작업을 수행하는 사람들로 구성된 고정 팀이다. 인트라넷 소프트웨어는 그들이 조직 전체에서 상호 연결된 방식으로 프로세스 작업을 할 수 있게 해준다. 이러한 유형은 재무, 교육 및 IT 팀에서 흔히 볼 수 있다.

- 관리 그룹: 글로벌 조직의 관리 그룹은 일상적으로 소통하기 위해 음성 또는 화상 통화에 의존하여 원격지 팀으로 운영해야 하는 경우가 많다.

IT 기술은 성공적인 원격지 팀의 근본적인 요소이지만, 그 밖에 다른 중요한 요소들도 있다. 원격지 팀의 성공을 위한 10개 요소는 다음과 같다.

- 팀 구성원은 결과에 대해 공정하고 정당한 보상을 받아야 한다: 원격지 팀에서의 보상은 친분, 근태, 또는 유사한 다른 기준에 근거하지 말아야 한다. 왜냐하면 그 기준은 매일 사무실에서 얼굴을 마주 대하는 사람들에 적용되는 기준과는 달라야 하기 때문이다.

- 팀원들에게는 관련 기술을 사용할 수 있는 교육이 제공되어야 한다: 사용할 수 있는 소프트웨어를 제공해야 하고, 어떻게 작동하며, 이를 활용할 수 있는 방법도 알려주어야 한다. 왜냐하면 다른 사람의 경험과 지식에 쉽게 접근할 수 있어야 효과가 있기 때문이다.

- 다른 팀원들과 함께 일하는 방법은 합의되어서 잘 알고 있어야 한다: 그 방법은 다음과 같은 것들이다. 상사가 멕시코에 있고 내가 프랑스에 있다면, 우리가 함께 일할 수 있는 방법은 무엇인가? 성과에 대

해 어떻게, 언제 의논할 것인가? 정기적인 팀 브리핑은 언제 할 것인가? 또한 팀 브리핑은 어떻게 해야 되는가? 보고 체계는 어떻게 되는가?

- 팀 전체에 걸쳐 IT 통신 및 협업 도구에 대한 동등한 접근 권한이 있어야 한다: 기술의 불평등은 팀워크를 저해하기 때문에 모든 사람이 동일한 도구에 접근할 수 있는지 확인해야 한다.

- 팀은 높은 신뢰를 바탕으로 운영되어야 한다: 원격지 작업에서의 신뢰는 사람들이 편안하게 일할 수 있는 환경과 권한이 갖추어졌을 때 쌓이며 그 위에 동기가 부여되고, 역량이 발휘될 수 있다. 역량은 배움과 자기개발이 있을 때 향상되며, 동기부여는 업무와 개인의 이익이 일치할 때 나온다.

- 리더는 원격지 팀워크를 위한 좋은 역할 모델이 되어야 한다: 리더는 팀원의 다양성을 존중하고, 팀 전체가 균등하게 의사소통을 할 수 있도록 노력해야 한다.

- 리더는 각각의 팀원의 목표를 관리해야 한다: 비대면으로도 원격지 팀원들의 목표 관리를 위하여 동기부여하고, 포용할 수 있는 진정한 리더가 필요하다.

- 리더는 팀원들이 소통하고 협력할 수 있는 대면 회의와 같은 효과를 낼 수 있는 추가적인 자원을 제공해야 한다: 원격지 작업은 의사소통 및 공동 작업이 용이한 경우에만 결과물을 낼 수 있다. 그렇지 않으면 중복된 일, 불필요한 갈등, 문제 해결의 지연, 창의력 저하와 같은 좋지 않은 결과가 생길 것이다.

- 원격지 팀 구성원은 일하기 위한 기본 규칙을 알고 있어야 한다: 기본 규칙은 초기에 확립하는 것이 중요하다. '원격지 팀 회의에 불참해도 괜찮은가?', '원격지에 있는 동료들로부터 이메일을 받기까지 걸리는 시간은?' 같은 질문들에 대하여 답할 수 있는 기본 규칙이 필요하다.

- 팀 구성원은 가능한 한 책임을 지고 결정을 내릴 수 있어야 한다: 원격지 팀에게 너무 많은 절차가 요구되거나 불필요한 협의와 승인이 필요할 경우 업무가 쉽게 중단될 수 있다. 이것들은 최소한으로 유지해야 한다.

원격지 회의의 장단점

원격지 팀도 모든 팀들이 그렇듯이 문제를 논의하기 위해 다음과 같은 이유로 한 자리에 모일 필요가 있다.

- 아이디어 창출
- 정보 수집
- 의견(견해) 공유
- 선택 사항 검토
- 의사결정
- 계획 수립
- 갈등 논의와 해결

원격지 팀은 자원과 시간이 제한되어 있기 때문에 항상 대면할 수 있는 것은 아니다. 원격지 회의는 장거리 이동에 따른 시간과 비용 등이 발생하는 대면 회의가 가지고 있는 문제점을 해결할 수 있다. 원격지 회의는 전화 통화 또는 온라인 채팅부터 실시간 대규모 화상회의에 이르기까지의 모든 것을 포함한다. 그렇다면 원격지 회의의 장점과 단점은 무엇인가?

원격지 회의는 다음과 같은 장점이 있다.

- 직접 대면하는 회의보다 소요 비용이 저렴하다.
- 일정을 잡기 쉽다.
- 비교적 업무 환경이 편하다.
- 시간을 효율적으로 사용할 수 있다.

- 주의가 산만하지 않아 집중이 필요한 문제에 적합하다.

원격지 회의의 단점은 다음과 같다.

- 사람들이 직접 대면하지 않기 때문에, 팀 구성원 간의 갈등을 해결하기가 어렵다.
- 브레인스토밍과 창의적인 토론은 의사소통 기술이 매우 정교하지 않으면 더욱 어렵다.
- 상호작용이 느리고 힘들 수 있으므로, 회의의 활력이 떨어진다.
- 기술 문제 해결에 과도한 시간이 소요될 수 있으며, 특히 회의 중에 발생할 경우 더욱 그러하다.
- 일부 사람들은 기여하지 않을 수 있고, 이것이 눈에 띄지 않을 수도 있다. 우리는 이 사람들을 '눈팅족'이라고 부른다.
- 비언어적 표현을 확인할 수 없어 정말 동의하는지 가늠하기 어렵다.

원격지 회의 기술 및 응용 프로그램

회의 시 아래에 나열된 모든 조건을 확인하고 점검하여 즉시 사용할 수 있다. 이들 중 어떤 것은 다른 것보다 훨씬 경제적이다. IT 분야의 빠른 발전으로 경제적이고, 간단한 도구가 제공될 수 있다.

음성 회의

음성 회의는 원격지 회의의 간단한 형태이다. 필요한 것은 단지 전화뿐이다. 이러한 유형의 회의는 문서를 검토하거나 안건의 세부 사항을 확정하는 것과 같은 특정한 목적일 때 유용하다. 음성으로만 전달되기 때문에 브레인스토밍이나 창의적인 결과를 내기 어렵다. 이런 종류의 회의는 6~7명 이상의 사람들이 참여할 때는 유용하지 않다.

화상 회의

화상 회의는 많은 글로벌 조직에서 널리 사용되고 있다. 이 방법을 사용하려면 인터넷 속도가 보장되어야 한다. 속도가 느리면 답답하고 산만해져서 가치가 없는 시간을 보내야 한다. 이러한 유형의 회의는 사전에 자료를 받을 수 있는 경우, 간단하게 선택할 수 있는 의사결정에 유용하다. 대면 회의가 불가능할 경우 화상 회의는 서로를 이해하거나 갈등을 해결하는 데 유용하다.

실시간 온라인 회의

실시간 온라인 회의는 인터넷 접속을 전제로 한다. 이러한 유형의 회의는 일반적으로 한 시간 정도 소요되며 공동 과제를 함께 논의한다. 사람들은 첨부 파일을 포함하여 자신의 의견을 말하거나 이메일을 보내거나 또는 채팅으로 의견을 나눌 수 있다. 권한을 부여받은 사람들이 참여하는 경우 모든 사람들이 보는 가운데 문서를 편집할 수 있다. 이것은 또한 함께 문서 작성 작업에 참여할 수 있으며, 투표 기능도 가지고 있다.

    이러한 유형의 회의는 개념에 대한 논의와 동의, 광범위한 목표 설정, 데이터 수집 및 의사결정 논의에 적합하다. 또한 의견과 정보를 공유하고 주제에 대한 열정과 관심을 표현하는 데도 좋다. 의사 결정이 복잡하지 않은 경우, 특히 문서 작성이 포함된 경우에도 결론에 도달할 수 있다.

비 실시간 온라인 회의

이런 회의는 며칠 동안 계속되고, 사람들은 토론의 실마리와 관심 있는 문서를 공유할 수 있다. 이것은 게시판이나 채팅방처럼 간단할 수도 있고, 다른 팀이 보관한 문서에 대한 열람 및 통합 이전의 버전을 관리할 수 있는 고급 기능도 있다.

    비 실시간 온라인 회의는 최신 주제를 다루거나 아이디어 창출과 여러 가지 안에 대한 광범위한 토론에 유용하다. 그러나 결정을 내리거나 우선순위를 정하거나 실행 계획을 수립하는 데는 유용하지 않을 수 있다.

이메일

이메일은 팀이 서로 의사소통하고 함께 생각할 때 가장 널리 쓰이는 방법이다. 전화 통화가 더 효과적일 때도 오히려 이메일을 자주 사용하고 있다. 발신자 입장에서 이메일은 빠르고 직접적으로 사용하기 쉬우며, 수신자도 응답하기 전에 시간의 여유가 있고, 때로는 무시하기도 한다. 회신하면 추가 비용 없이 토론의 내용이 자동적으로 기록되므로 보관에도 용이하다.

이메일은 아이디어를 생성하고, 내용을 공유하고, 정보를 수집하는 데 유용하지만, 파일이 비슷한 이름으로 첨부되면 버전 관리가 문제가 된다. 이메일은 분류하거나 통합하는 작업이 어렵다. 누군가는 내용을 잘못 이해하거나 회신하지 않을 수도 있다. 이메일의 경우 의도하지 않게 오해가 생겨 갈등이 발생할 수 있기 때문에 이를 해결하기 위해 전화와 같은 다른 보조 매체가 필요할 수도 있다.

원격지 회의 진행을 위한 팁

원격지 회의는 사용되는 기술에 따라 의사소통 및 협업을 위해 다양한 유형의 퍼실리테이션 기술이 필요하다. 유형별로 분류하면 다음과 같다.

음성 및 화상 회의

- 회의의 목적을 명확히 하고 의제 초안을 작성한다.
- 시작과 종료 시간을 안내하고 그것을 지키도록 한다.
- 화상 회의는 회의가 시작되기 최소한 30분 전에 장비를 설치하고 철저한 점검을 해야 한다.
- 참여자는 8명 이하로 제한한다.
- 자료는 회의 전에 배포한다.
- 퍼실리테이터가 누구인지 명확히 한다.
- 논의가 의제를 벗어나면 회의를 멈춰야 한다.
- 회의에 접속하거나, 발언하거나, 떠날 때는 미리 알리도록 요청한다.
- 회의에 속도와 에너지를 부여하기 위해 진행 상황을 요약하고, 핵심 질문을 하고, 절차를 안내한다.
- 회의가 끝난 후에는 회의록을 제공한다.

실시간 온라인 회의

- 회의의 목적을 명확히 하고 의제 초안을 작성한다.
- 시작과 종료 시간을 안내하고 그것을 지키도록 한다.
- 회의 시작 전에 모든 사람이 볼 수 있도록 관련 자료를 공유했는지 확인한다.
- 회의 프로세스를 설계하고 순서를 지켜야 한다.

- 어떤 목적으로 어떤 도구(화이트보드, 토론방 등)를 사용할지 결정한다.
- 회의 중에 문서를 작성할 경우 담당할 서기를 정하고, 만약 서기가 두 명 이상이어야 할 경우 순서를 정한다.
- 투표를 할 경우 투표 시점과 방법(공개 투표 또는 비밀 투표)을 사전에 합의한다.
- 주제가 복잡한 경우 퍼실리테이터의 도움을 받아 회의 전날에 토론방을 준비한다. 퍼실리테이터는 토론을 올바른 방향으로 이끌기 위해 회의가 개최되기 전까지 상황을 파악하고 윤곽을 잡아야 한다.

비 실시간 온라인 회의

- 토론 윤곽을 신중하게 설정하고, 참여자들이 회의의 목적을 알 수 있도록 한다.
- 회의 내용을 명확히 하고, 간과된 중요한 정보와 정보 간의 관련성을 찾아내고, 합의를 요약하고, 토론을 효율적으로 진행한다.
- 회의의 마감 시간과 각자의 의견이 어떻게 반영되었는지 참석자들에게 알린다.

이메일

- 요청하는 내용이 무엇인지 구체적으로 설명한다.
- 답장을 이용하여 토론의 흐름을 기록한다.
- 회의 내용을 최대 4~5명까지 참조로 보낸다.

- 정보를 수집한 시점과 결정 내용을 모두에게 알린다.

원격지 팀 관리자 및 구성원의 유의 사항

원격지 팀의 유의 사항은 다음과 같다.

팀 관리자

해야 할 것

- 적어도 3개월에 한 번씩 직접 만나야 한다.
- 원격지 팀의 목적과 목표는 만나서 수립한다.
- 원격지 회의 시 모두가 참여할 수 있는 시간을 확인한다.
- 필요한 경우, 일대일, 팀 회의 또는 소그룹 회의를 개최한다.
- 팀 구성원이 출장 중일 때에도 함께 참여할 수 있도록 지원한다.
- 원격지 회의에서도 퍼실리테이터 역할을 분명히 해야 한다.
- 특히 멀리 있는 팀원을 위해 이메일과 전화 메시지에 빠르게 응답해야 한다.
- 갈등은 미연에 방지하고 신속하게 처리해야 한다.

하지 말아야 할 것

- 회의의 일정을 수시로 변경한다.
- 특정 지역에 근무하는 팀에 정보를 더 빨리 제공한다.
- 원격지 회의 중에 개인적인 문제를 처리한다.

팀원

해야 할 것

- 원격지 회의 도구 사용법을 익혀야 한다.
- 관리자에게 자신의 역할과 업무를 알려야 한다.
- 이메일 및 문자 메시지에 신속하게 응답해야 한다.
- 필요하면 도움을 요청해야 한다.
- 회의에 기여하기 위해 노력해야 한다.
- 다른 지역의 팀원에게 자신이 하고 있는 일을 적극적으로 알려야 한다.
- 원격지 회의 시에는 회의에 집중해야 한다.

하지 말아야 할 것

- 특정 동료(지역)와만 대화한다.
- 원격지 팀 회의에 우선순위를 낮게 부여한다.
- 원격지 회의를 위한 준비를 하지 않는다.
- 관리자가 정보를 요청할 때까지 기다린다.

CHAPTER 11

퍼실리테이터를 위한 종합 체크리스트

THE FACILITATOR'S COMPLETE CHECKLIST

아래의 체크리스트는 퍼실리테이터에게 많은 도움이 될 것이다. 사전 점검 내용, 워크숍 설계 시 고려 사항, 워크숍 진행 시 고려 사항, 사후 점검 사항 등 크게 네 부분으로 이루어진 종합 체크리스트이다.

[그림11.1] 체크리스트 1~4

체크리스트 1 : 사전 점검 내용

(1~3장, 7장, 9장 참조)

- 이 워크숍이 왜 필요한가?
- 참여자들은 어떤 상황에 처해 있는가?
- 참여자 그룹은 어떤 경험을 가지고 있는가?
- 워크숍의 목적은 무엇인가?
- 또 다른 목적이 있는가?
- 이 그룹의 현안 과제는 무엇인가? (비즈니스 이슈, 조직 이슈, 성과 이슈, 외부 환경 이슈 등)
- 누가 참여하는가? (제9장의 문화 간 차이 목록 참조)
- 참여자들은 서로 잘 알고 있는가? (그들은 어떤 방식으로 협업하는가?)
- 그룹 내에서 핵심 인물은 누구인가?
- 워크숍만으로 모든 목적이 달성될 수 있는가?
- 워크숍과 관련하여 수행해야 할 사전/사후 작업이 있는가? (예: 코칭, 교육, 공지 등)
- 참여자들이 이 주제에 얼마나 관심이 있는가?
- 스폰서가 참여하는가?
- 또 누가 참여해야 하는가?
- 워크숍 진행 사항을 알아야 할 사람이 또 있는가?

체크리스트 2 : 워크숍 설계 시 고려 사항

(1장, 3장, 9장 참조)

- 참석자는 몇 명인가?
- 참석자들은 어떤 배경을 가지고 있는가? (출신, 기호 등)
- 워크숍 시간은 얼마나 걸리는가?
- 워크숍 결과는 무엇인가?
- 참여자들은 주제에 대해 얼마나 잘 알고 있는가? 보완해야 할 것은 무엇인가? 어떻게 처리할 것인가?
- 다양한 직급이 참여할 경우 수준은 어떻게 맞출 것인가?
- 소그룹/대그룹 논의가 얼마나 이루어져야 하는가?
- 참여자들이 서로를 알아가는 데 얼마의 시간을 할애해야 하는가?
- 과제 해결에 필요한 시간은 어느 정도인가?
- 워크숍의 각 세션에서 어떤 도구와 기법을 사용할 것인가?
- 활동과 성찰의 균형은 적절한가?
- 워크숍의 흐름이 체계적인가?
- 전체를 아우르는 워크숍의 주제가 있는가?
- 생각, 아이디어 및 행동을 이끌어 내기 위한 방법을 가지고 있는가?
- 흥미를 유지할 수 있는 다양한 활동이 있는가?
- 다양한 문화적 차이를 고려해 보았는가? (9장 참조)

- 최고 팀인가? 그렇다면 9장을 꼭 참조하라. 워크숍 전에 모든 참석자들과 대화할 필요가 있다.

체크리스트 3 : 워크숍 진행 시 고려 사항

(4장, 5장 참조)

- 회의 공간(회의실, 분임 토의실, 휴게 공간 등), 회의 준비물(A4용지, 플립차트, 활용 가능한 벽면, 압정, 필기도구, 다과 등)을 충분히 준비했는가?
- 멀리서 오는 참석자를 수용할 수 있도록 잘 계획했는가? (예: 숙박 시설, 교통편, 도착 일정, 시차, 그 밖의 편의 시설 등)
- 참석자들이 회의의 결과가 무엇인지 예상하고 있는가?
- 참석자들이 목적을 알고 있으며 사전에 자료를 숙지했는가?
- 워크숍을 시작할 때 주제에 몰입할 수 있도록 준비했는가?
- 퍼실리테이터로서 신뢰감을 주며 중립성을 지키고 있는가?
- 시간 계획을 세부적으로 수립했는가?
- 퍼실리테이터로서 워크숍에 집중하고 있는가?
- 자리 배치는 적절한가? 퍼실리테이터가 모든 참여자를 볼 수 있는 위치에 있는가?
- 단독으로 워크숍을 진행할 수 있는가? 공동 퍼실리테이터가 필요한가?

체크리스트 4 : 사후 점검 사항

(6장, 7장 참조)

- 워크숍이 얼마나 기억에 남는가?
- 워크숍의 목적을 달성했는가?
- 워크숍에 모든 사람들이 참여했는가?
- 워크숍 보고서에는 무엇이 포함되어야 하는가? 누가 볼 것인가?
- 논의된 내용(플립차트, 포스트잇 등)을 보고서로 작성하는 가장 좋은 방법은 무엇인가?
- 퍼실리테이터의 관점에서 다음 단계를 추천했는가?
- 워크숍을 얼마나 잘 진행했는가?
- 참여자를 고려한 적절한 방법으로 진행했는가? 혹시 퍼실리테이터를 위한 워크숍은 아니었는가?

APPENDIX 부록

질문에 대한
답변

ANSWERS TO
QUESTIONS

1장 퍼실리테이션 소개

Question 1

워크숍을 의뢰할 때 스폰서들은 그룹이 행동 방침을 준수하거나 스폰서의 관점을 지지하도록 워크숍을 설계해 주기를 요청할 수 있다. 이것은 의도적인 접근법이며, 특히 참여자들이 주제 영역의 전문가일 때 이들의 분노를 살 수 있고, 워크숍의 마무리가 좋지 않을 수 있다.

위의 경우 문제를 분석하고, 이를 해결하는 데 도움이 되는 대안을 제시해야 한다. 아래 사항 중 하나가 효과가 있을 것이다.

- 워크숍을 통해 문제를 파악하고, 원인을 분석한다.
- 현재 상황에서 관리자가 작성한 문제의 목록을 참석자들에게 제시하고, 이 목록에 주석을 달거나, 문제 항목을 추가하거나 빼도록 요청한다. 그 다음 문제의 원인과 해결 방법에 대한 관리자의 견해를 제시하도록 한다. 참여자들에게 이 견해에 대해 의견을 말하게 하고 대안 또는 보완할 수 있는 원인과 해결책을 제시하도록 요청한다.
- 워크숍을 통해 고위 관리자 간의 커뮤니케이션도 개선할 수 있다. 스폰서가 커뮤니케이션을 개선하고자 하는 목적을 설명하고 워크숍을 시작한다. 무엇이 잘 되고 있는지, 무엇이 잘 안 되고 있는지, 그리고 어떤 변화가 있을지에 대한 견해를 모은다.

Question 2

퍼실리테이터는 매우 활동적인 방식으로 워크숍을 운영했다. 그러나 워크숍을 설계함에 있어 일부 그룹을 배제시킴으로써 참석자 모두를 토론에 참여시키지 못했다. 퍼실리테이터는 참여자들이 주제 전문가인 만큼 그 아이디어를 충분히 생각해 낼 수 있도록 배려하는 기술을 익힐 필요가 있다. 또한 자신의 에너지 넘치는 스타일을 통해 그룹이 말하고 토론하도록 자극하는 방법을 익혀야 한다. 워크숍을 너무 빠르게 운영하다 보니, 성찰할 시간이 필요한 사람들에게 충분히 생각할 시간을 제공해 주지 못하기도 했다. 예를 들면 라운드 로빈 기법과 같이 모든 참석자들이 참여할 수 있는 기회를 주거나, 분임 토의와 같이 큰 그룹을 작은 그룹으로 나누어 진행하는 기술을 사용하는 것이 좋다.

퍼실리테이터는 다음 워크숍에서 아래와 같은 구조를 따라야 한다.

- 그룹에게 준비된 목록에 따라 모두가 참여할 수 있도록 시스템 요구 사항을 지원 요청한다.
- 그룹을 소그룹으로 나누어 특정 항목 아래에 열거된 요구 사항의 상대적 장점을 토론한다. 그룹에게 새롭게 나타난 요구 사항을 추가하도록 요청한다. 각 그룹에게 가장 중요한 시스템 요구 사항과 중요하지 않은 시스템 요구 사항 5개를 선택하도록 한다.
- 그룹 보고서를 작성하고 우선순위에 대한 공개 토론을 진행한다.
- 투표하여 필수 및 선택 요구 사항을 표시하게 한다.

2장 그룹의 심리

Question 1

워크숍에 영향력이 강한 상사가 참여한다면, 워크숍이 개방적이고 공정하게 운영될 기회가 줄어들 수 있다. 만약 그러한 상사가 참여를 고집한다면, 워크숍에 불참하는 데 동의할 가능성이 낮기 때문에 퍼실리테이터는 그의 참여가 어떤 영향을 미칠지 알려준 다음 몇 가지 선택권을 주어야 한다.

첫 번째 해결책은 상사에게 워크숍의 첫 10분, 그리고 마지막 30분 동안만 참석하도록 요청하는 것이다. 상사는 그룹의 의견을 듣기 위해 처음 시작을 함께하고, 마지막에 참석해야 한다. 워크숍의 마지막 부분에서 상사의 기여는 매우 중요하다. 상사는 참여자의 의견을 묵살하거나 하찮게 생각하지 않고 격려하는 분위기를 만들어야 한다. 영향력이 강한 상사는 '그건 거론할 여지가 없어.' 또는 '논의 결과가 내가 기대했던 것보다 수준이 낮아.' 또는 그보다 더 나쁜 예로는 '쓸 만한 게 하나도 없네.'라고 말함으로써 워크숍 전체를 의미 없게 만들 수 있다. 이런 일은 자주 일어나는데, 참여자들에게 불쾌감과 무력감을 안겨줄 수 있으며 사기를 저하시킬 수 있다.

두 번째 해결책은 상사가 워크숍 내내 참여할 수 있도록 허용하는 것이다. 하지만 이때는 서로 경청하고, 이야기를 나누는 것에 대한 명확한 기본 규칙을 정하고 진행해야 한다. 익명 제안, 소그룹 활동, 비밀 투표는 참여자들이 자신을 노출시키지 않고 자신의 견해를 밝힐 수 있는 방법이다. 영향력이 강한 상사가 참여할 경우 참여자들을 방어적으로 만들기보다는, 적극적으로 참여할 수 있는 방법을 고민해야 한다.

Question 2

장점은 다음과 같다.

- 사람들이 함께 모이면 생동감 있고 다양한 분위기를 연출할 수 있다.
- 이 그룹에는 공통된 규범이 거의 없으므로, 워크숍에서 기본 규칙을 쉽게 정할 수 있다.
- 워크숍의 분위기가 참여자들이 의견을 제시하고, 견해를 받아들일 준비가 되어 있다.
- 대부분의 참여자들은 워크숍의 상호작용을 기대할 것이다. 왜냐하면 이메일보다는 대면 접촉이 깊이와 따뜻함을 더할 수 있기 때문이다.

그러나 다음과 같은 단점이 있어 주의해야 한다.

- 현장이나 작은 사무실에서 일하는 사람들은 그들만의 문화와 규범이 있는데, 이것은 다른 문화 또는 규범과 부딪혔을 때 불편함을 야기할 수 있다.
- 다양한 배경을 가진 사람들은 서로 다른 것에 관심이 있기 때문에 모든 참석자들을 참여시키고 촉진하는 것은 어려울 수 있다.
- 워크숍이 길어지면 참여자들은 주도권 다툼을 할 수도 있다.
- 현장 직원들은 대부분 혼자 일하는 시간이 많기 때문에, 경청하고 타협하는 부분이 익숙하지 않을 수도 있다.

아래의 사항을 따른다면 성공 가능성을 높일 수 있다.

- 참석자들에게 자신을 소개하고 서로를 파악할 수 있는 시간을 준다. 그러면 팀 리더 선출을 용이하게 할 수 있다.
- 워크숍 기본 규칙을 설정한다.
- 모두가 몰입하고 참여하는 활기찬 워크숍을 계획한다.
- 참석자들 간에 소통할 시간을 충분히 주어야 하지만, 결과는 건설적인 방향으로 만들어낼 수 있도록 해야 한다.

3장 워크숍 계획 수립

Question 1

첫 번째 목표는 너무 모호하다.

전략적 사고의 개념이 모호하다. 명확한 목표 예는 다음과 같다.

이 워크숍은 회사의 모든 비즈니스 관리자들이 모여 향후 2년간 회사 전체의 판매 및 운영 목표를 논의하고 우선순위를 선정하는 것을 목표로 한다.

두 번째와 세 번째 목표는 매우 명확하다.

Question 2

워크숍의 결과를 실행하기 위해 관리자의 승인이 필요하다면 워크숍에서 그들을 제외시키는 것은 바람직하지 않다. 위에서 언급한 관리자가 워크숍의 결과에 영향을 미치지 않고 참여하지 않았다면 아무런 문제가 없다. 그러나 관리자가 매장 직원들에게 영향력을 행사할 수 있다면 새로운 업무 절차에 대한 관리자들의 사전 약속과 사후 승인이 필요하다.

관리자가 참석할 수 있는지 확인하는 것이 중요하다. 왜냐하면 관리자들이 참여하여 도움을 줄 수도 있기 때문이다.

Question 3

그렇다면 준비할 시간이 얼마나 있는지, 얼마나 전문성을 가지고 있는지, 관련 분야에 대한 사전지식이 있는지에 따라 달라진다. 워크숍이 다음 주라면 거절해야 한다. 왜냐하면 해당 분야에 대한 실무 지식이 거의 없는 퍼실리테이터는 도움을 줄 수 없기 때문이다. 만약 주제 영역을 자세히 읽을 시간이 있고, 관련 분야에 대한 사전 지식을 가지고 있다면 워크숍을 효과적으로 진행할 수 있다.

Question 4

이 워크숍 설계는 유용하지 않을 것이다. 왜냐하면 주제가 복잡한 것에 비해 시간이 턱없이 부족하고, 참여한 사람들이 전문가이기에 요구가 많을 것임에도 불구하고, 아이디어를 충분히 탐색하고 결정할 수 있는 설계가 미흡하기 때문이다.

　회사 전략을 수립하는 워크숍은 반나절 워크숍보다는 이틀짜리 워크숍이 더 현실적이다. 왜냐하면 전략이 미치는 영향을 고려하기 위해서는 경쟁자와 시장에 대한 외부 정보와 자사의 현황을 파악해야하기 때문에 전략 워크숍은 더 세부적이고 구체적으로 설계해야 한다.

　10명의 경영 컨설턴트가 함께 하는 워크숍은 흥미진진하고 활기가 넘치며, 다양한 아이디어가 넘칠 것이다. 경영 컨설턴트들은 의견이 다양하고 적극적이지만, 정작 내부의 상황에 대해서는 제대로 알지 못하기 때문에 상황을 논의하는 데 능숙하지 않을 수도 있다. 참석자들이 서로 지지하고 격려할 수 있는 상호작용을 제공하기 위해서는 건설적인 토론과 잘 정의된 과제가 필요할 것이다. 자주 만나지 못하기 때문에 워크숍에서는 충분히 이야기할 시간을 주되, 퍼실리테이터는 시간을 세심하게 관리할 필요가 있다.

Question 5

아래 설계는 반나절 워크숍으로 참여자들이 먼저 자신들의 고민을 털어놓고 나서, 그 문제에 대해 논의할 수 있도록 한다. 워크숍의 앞부분은 자료 수집에 관한 것이고, 뒷부분은 해결책을 제시하는 것이다. 워크숍의 마지막 부분은 모든 참여자들이 다른 사람들의 아이디어를 검토하는 것을 포함하며, 이것은 참여자들이 최종 투표를 하기 전에 균형 있는 관점을 가질 수 있도록 돕는 꽤 효과적인 기술이다.

재택근무에 대한 의견 도출

시간	활동 내용	소요시간	대상
워크숍 설계			
09:00	• 환영 인사 • 워크숍 배경 설명 • 워크숍 목표 소개 • 도입 – 다음의 문장을 완성해 본다. '나는 재택근무는 ○○○이라고 생각한다.' • 모든 사람에게 참여를 요청하고 각 내용의 큰 그림을 그려 보라고 한다. (단, 구체적인 내용은 아님) • 주요 내용을 플립차트에 작성한다.	30분	전체 참여
	• T-차트 작성 먼저 그룹을 둘로 나누어 재택근무에 대한 장점과 단점을 각각 10개씩 생각해 보라고 한다.	15분	두 그룹
	• 전체를 하나로 모아 T-차트를 작성한다. 중복되는 항목들은 나중에 정리될 것이라고 설명한다.	15분	전체 참여
10:00	• 참석한 사람들의 주요 업무를 브레인스토밍 한다. • 토의된 내용을 다시 검토하여 무엇을 의미하는지 다시 확인한다.	20분	전체 참여
	• 세 그룹으로 나눈다. 각 그룹은 브레인스토밍의 한 부분씩 살펴보고, 할당된 항목이 재택근무에 어떤 영향을 미칠지 살펴본다. • 각각 논의되었던 분석 결과를 다시 전체 그룹으로 가져온다.	40분	세 그룹

11:00	휴식 시간		
11:15	• 아이디어를 모아 이미 작성된 목록에 새로운 정보를 추가한다.	15분	전체 참여
11:30	• 세 개의 그룹으로 돌아가서 재택근무의 문제점을 살펴보라고 요청한다. • 각 그룹에 재택근무가 성공하기 위해 필요한 자원 및 프로세스 변경 사항을 나열하도록 한다. • 그룹화한 다음 3분 대화를 통해 핵심 포인트를 파악하여 이 목록을 다시 전체 그룹에 제시한다.	60분	세 그룹
12:30	• 사람들이 이동하면서 제시된 목록을 읽고 특히 동의하는 항목에 투표하게 한다. • 한 사람당 도트스티커를 10개씩 나눠주고, 항목당 1개의 스티커만 투표하게 한다.	15분	전체 참여
	요약 및 점검	15분	전체 참여
13:00	마무리		

Question 6

위 설계의 장점은 다음과 같다.

- 간단하다.
- 직접적이다.
- 주제를 언급하고 있다.

하지만 단점도 있다.

- 리더십이 부족하다고 언급하지만, 구체적인 근거가 없다. (어디서, 어떤 방식으로, 어떤 단서 때문에 등)
- 전반적인 어조는 약간 위협적이며, 참여자들은 개선을 위한 좋은 아이디어를 제시하기보다는 스스로를 방어하는 데 급급할 것이다.
- 일정이 명확하지 않은 의제이기 때문에, 참여자들은 어떤 논의가 이뤄질지 모르고 리더십이 어떻게 개선될 수 있을지에 대해 생각하기 어렵다.

4장 워크숍 실행하기

Question 1

많은 퍼실리테이터들은 만일의 사태를 대비하기 위해 플립차트, 펜, 테이프, 포스트잇을 가지고 다닌다.

문구류가 제대로 준비되어 있지 않고, 빔프로젝터만을 사용해야 한다면 눈의 피로감과 뜨거운 열 때문에 워크숍을 오래 진행하기 어려울 것이다. 대안으로 칠판과 화이트보드를 사용할 수 있지만 논의된 내용의 보관이 용이하지 않기 때문에, 내용이 사라지기 전에 모든 데이터를 촬영하거나 기록해야 한다.

Question 2

워크숍은 참여자를 위한 것이기 때문에, 참여하지 않고 참관만 하는 역할은 없다는 것을 알려야 한다. 왜냐하면 참관만 한다면 워크숍에 적극적인 참여자들에게 부정적인 영향을 미칠 수 있기 때문이다.

만약 참관만 하겠다고 고집을 피우면, 왜 참관만 하고 싶은지 질문을 통해 니즈를 파악하고, 참관이 워크숍에 해로운 영향을 미칠 수 있다는 것을 주지시켜야 한다.

Question 3

퍼실리테이터: 어떤 면에서 회사가 냉정하고, 무자비하다고 생각하십니까?

또는

퍼실리테이터: 좀 더 자세히 설명해 주시겠습니까?

또는

퍼실리테이터: 그 단어의 의미가 무엇입니까?

Question 4

퍼실리테이터: 쓸모없는 아이디어요? 왜 그렇게 생각하는지 궁금하군요.

또는

퍼실리테이터: 당신은 이것에 대해 반대하시는 군요. 왜 그들이 낸 아이디어를 활용할 수 없는지 알고 싶습니다.

Question 5

만약 퍼실리테이터가 워크숍을 계획하는 데 많은 에너지를 쏟았다면, 참여자가 한 시간 먼저 간다는 소리에 짜증날 수 있다. 이때 감정을 표출하지 말고 자제해야 한다.

첫 번째로 해야 할 조치는 워크숍의 나머지 단계도 중요함을 설명함으로써 워크숍에 끝까지 참여할 수 있도록 설득하는 것이다. 그럼에도 불구하고 참여자들이 가야 한다면, 워크숍에서 내려질 결정이 참여자들의 동의 없이 이루어질 수 있다는 것을 설명해야 한다. 또한 보고서도 워크숍 내에서 언급된 내용만 요약할 뿐이므로 참여자들이 논의의 필수적인 중요한 부분을 놓쳤더라도 나중에 수정할 수 없다고 알려줘야 한다.

Question 6

네 번째 그룹에게 경쟁사 특징을 논의하는 이유를 먼저 물어봐야 한다. 그리고 워크숍 진행과 관련하여 현재 B사의 기업 특징을 논의해야 하는 이유를 설명하고, 남은 10분 동안 B사의 기업 특징을 논의해 보라고 요청한다.

Question 7

조용히 참여자와 눈높이를 맞추며 지금 하고 있는 활동이 괜찮은지 물어보라. 그리고 잠시 기다려라. 만약 그가 문제가 있다면, 당신에게 말할 것이다. 만약 그가 질문이나 워크숍, 또는 워크숍과 전혀 무관한 다른 문제를 가지고 있다면 답변을 통해 심각한 문제가 있는지 여부를 알 수 있을 것이다. 이러한 문제의 행동이 계속되면 휴식 시간을 통해 그가 해결할 수 있는지 확인하고, 그럴 수 없다면 워크숍을 떠날 것을 권해야 한다.

Question 8

지루해하는 핵심 참석자를 워크숍에 참여시키기 위해 퍼실리테이터가 직접 관여할 필요가 있고, 상황을 개선하기 위해 다음과 같은 행동을 해야 한다.

- 시스템에 대해 직접 질문한다.
- 핵심 참석자를 화면 가까이로 이동시킨다.

- 퍼실리테이터가 테스트를 위한 데이터 입력을 요청한다. (시스템이 안전하지 않을 경우 위험할 수 있음)
- 테스트가 진행될 때 사용자들에게 피드백(평가, 제안, 질문 등)하는 역할을 부여한다.

Question 9

이와 같은 문제는 직접 해결하는 것이 좋다. 예를 들면, 규칙을 지키지 않는 두 명의 참석자에게 자신들이 작성한 장점과 단점 목록을 읽게 하고, 나머지 그룹과 공유하도록 한다. 전체적으로 함께 토론을 하면 서로에게 도움이 된다는 것을 설명하고, 규칙을 지켜 달라고 요청한다.

다음 소규모 그룹 활동에서 두 참석자를 분리하여 전체 그룹과 섞일 수 있도록 조치한다.

Question 10

워크숍에서 말한 내용과 결정된 내용을 요약해서 살펴본 후, 보완하거나 추가할 의견이 있는지 그룹에게 물어본다. 만약 두 명의 비즈니스 관리자가 해당 시점에서 참여하지 않을 경우, 그들에게 내용에 대해 우려되는 사항이 있는지 직접 물어본다.

퍼실리테이터: 혹시 우려되는 문제가 있습니까?

5장 워크숍 환경

Question 1

참석자들이 주제에 집중하고 토론에 몰입하는 워크숍이 더 효과적일 것이라고 스폰서에게 설명하라. 참석자들이 불규칙하게 드나든다면 워크숍의 몰입도가 떨어질 수 있다. 이를 위해 퍼실리테이터는 휴식 시간을 계획하여(90분 회의, 15분 휴식 등) 참석자 또는 참여 대상 이외의 사람들이 불규칙하게 드나드는 것을 통제해야 한다.

워크숍 참석 대상 이외의 사람들이 워크숍 중에 참여자를 찾지 않도록 관리해야 한다. 경험에 의하면 소위 '긴급 전화'가 긴급한 경우는 거의 없었다. 워크숍이 흥미롭고 몰입도가 높다면, 참여자들은 불필요한 회의 중단을 막아준 것에 대해 감사할 것이다.

Question 2

가장 좋은 해결책은 작은 테이블을 벽으로 밀어 놓고, 나중에 그룹 작업에 사용하는 것이다. 전체 토론을 위해 U자 모양 또는 원 안에 16개의 좌석을 배치한다. 모든 사람이 플립차트, 화이트보드 또는 빔프로젝터 화면을 볼 수 있는지 확인한다. 이 배치의 유일한 단점은 워크숍을 시작할 때 테이블이 없기 때문에 참여자들이 어색해할 수 있다는 것이다.

작은 원형 테이블 중 일부를 사용할 수 있지만, 공간이 복잡해지고 참여자들이 서로 마주볼 수 없어 소통이 어려워질 수 있다.

Question 3

만약 적대적인 참석자가 퍼실리테이터의 반대편 끝에 앉는다면, 퍼실리테이터는 계속해서 적대적인 발언을 듣게 될 것이다. 이상적인 것은 워크숍 진행 시 적대적인 의견을 가진 참석자를 우호적인 사람들과 그룹을 형성하여 긍정적인 분위기를 조성하는 것이다. 이것을 위해 적대적인 의견을 가진 참석자를 움직일 수 있도록 다른 사람들에게 일찍부터 짝을 만들어 달라고 부탁해야 한다. 그러나 나중에 적대적인 의견을 가진 사람이 다시 자기 자리로 돌아갔을 때, 여전히 문제가 남아 있을 수 있다.

더 좋은 방법은 플립차트를 적대적인 참석자 뒤에 배치하고, 테이블 주변의 다른 위치로 이동시켜 플립차트를 볼 수 있도록 하는 것이다.

6장 워크숍 후속 조치

Question 1

브레인스토밍에서 나온 모든 내용을 전부 보고할 필요는 없다. 브레인스토밍은 토론을 위한 논의 항목을 도출하는 과정이다. 가장 좋은 방법은 브레인스토밍에 따른 논의 결과를 보고하는 것이고, 보고서를 읽는 사람들의 이해를 돕기 위해 그들의 언어로 바꾸어 정리해야 한다.

퍼실리테이터는 공개 투표인지, 비밀 투표인지 명시해야 한다. 왜냐하면 참여자가 투표 방식에 따라 다른 의사결정을 할 수 있으므로 보고서를 읽는 사람이 이를 참고할 수 있기 때문이다.

퍼실리테이터의 견해가 보고서를 읽는 사람에게 중요한 정보라고 생각하지 않는 한, 개인적 견해는 적지 않아야 한다. 퍼실리테이터는 주관적인 의견이 아니라 객관적인 정보를 제공해야 하며, 보고서의 가치를 더하는 경우에만 자신의 견해를 포함해야 한다. 만약 퍼실리테이터가 보고서에 자신의 견해를 제시하는 경우, 이는 퍼실리테이터의 견해를 참석자의 견해와 분리하여 매우 명확하게 표시해야 한다.

Question 2

사례 B는 매우 아쉬움이 많은 보고서이다. 이 보고서는 작성 시 일반적으로 나타나는 몇 가지 문제를 포함시켰다. 보고서의 주요 문제는 각 문제를 해결하기 위한 아이디어와 함께 아래에 명시되어 있다.

- 첫 번째 문단은 객관적인 정보 없이 편향된 내용으로 이루어져 있다. 토론 내용을 객관적으로 보고하는 방법은 6장의 예 A를 참조하면 된다.
- 워크숍이 언제 진행되었는지, 얼마나 오랫동안 운영되었는지 구체적으로 언급되어 있지 않다. 이것은 중요하기 때문에 보고서 앞부분에 다루어야 한다.
- 주어진 참석자 정보는 관련이 없다. 전화 내선 번호와 직원 번호는 별 쓸모가 없다. 직무, 장소, 근속 기간이 더 유용할 수 있다.
- 참석자 목록 이후 첫 번째 문단에서 이 보고서는 퍼실리테이터가 평가 시스템에 대한 변경이 필요함을 그룹에게 설득하려고 시도한 흔적이 담겨 있다. '대부분의 참석자들이 동의했다'는 문구는 퍼실리테이터가 임의대로 조작했을 수 있으므로 보고서의 신뢰성이 떨어질 수 있다. 그렇기 때문에 변화가 필요하다고 보고서에 명시되어 있지만 실제는 변화가 필요하지 않을 수도 있다.
- 최초 브레인스토밍 목록은 구체적인 설명 없이 단순 나열되어 있어 유용하지 않기 때문에 생략할 수 있다. 두 번째 투표 목록은 세 가지 관점에서 설명이 필요하다. 첫째, 목록에 있는 항목에 대한 설명(예: 관리자는 무엇을 의미하는가?) 둘째, 가중치를 산출하기 위한 투표

수의 합계 표시, 셋째, 항목당 투표수에 대한 언급(투표 시 항목당 5점 이상을 할당할 수 있도록 허용한 것은 이례적임. 한 참석자는 하나의 선택에 10점을 할당해 투표를 왜곡시킴) 등이다.

- 참여자들의 개인정보를 보호하지 않고, 박순애와 안경희의 이름을 그대로 노출시켰다. 또한 개인정보 노출 문제를 상세히 제시하지 않았다. 문제를 제시할 때 참여자들의 의견을 설명해야 하고 만약 퍼실리테이터의 의견을 밝히고 싶다면, 구분해서 보고서에 추가해야 한다.
- 최종 논의 결과는 반드시 보고해야 하며, 상대적으로 중요도를 나타낸 제안 목록 전체를 보고해야 한다.

Question 3

현실에서 모호한 보고서를 작성하지 않기를 바라지만, 모호한 보고서는 몇 가지 추가로 확인해야 할 중요한 것이 있다.

이러한 보고서를 받으면 매우 혼란스럽고 짜증날 것이다. 이 워크숍의 결과로 무엇을 해야 하는지와 워크숍의 결과로 어떤 결정이 내려졌는지가 명확하지 않다. 구체적으로 검토된 내용은 무엇인가? 변경 사항이 합의되었는가? 7명의 사용자는 누구인가? 왜 그들 중 3명만 참여했나? 참여자 중 핵심 사용자는 누구인가? 등에 대한 내용이 없다.

의사결정 프로세스가 기술되지도 작동되지도 않았다. 예를 들면 80% '동의'는 합의로 간주하는 방법 등이 설명되었다면, 나머지 4명도 적극적으로 참여했을 것이다. 그러나 보고서에는 단순히 큰 문제 없었다고 기술되어 있다.

9장 특별한 워크숍 사례

Question 1

이 워크숍을 수락하기 전에 몇 가지 확인해야 할 사항이 있다.

- 왜 지금 워크숍을 하는가? 현재 '가치'라는 주제가 중요한 이유는 무엇인가?
- 워크숍 주제는 어디서 나온 것인가? 경영진의 지원을 받고 있는가?
- 워크숍의 결과는 어떻게 활용될 것인가? 실행으로 옮겨질 것인가?
- 이틀은 바쁜 경영진에게 긴 시간인 것 같다. 그럼에도 불구하고 왜 이틀인가?
- 해결해야 할 다른 문제가 있는가? 아마도 가치는 과거, 현재, 미래의 실제 이슈를 살펴봄으로써 도출될 수 있을 것이다.

이 시나리오에는 두 가지 우려되는 부분이 있다. 첫째, 통신 회사의 경영진이 이틀 동안 '가치'에만 집중할 가능성은 매우 낮다. 일반적으로 이틀간의 워크숍에서는 가치만을 다루기보다는 비전, 가치 및 전략을 모두 다룬다. 둘째, 관리 이사에 대한 언급은 업무적인 측면이 아니라 개인적인 측면에 대한 평가처럼 보인다. 스폰서의 의도에 주의해야 한다.

경영진을 개별적으로 인터뷰하여 당면한 문제와 과제를 파악해야 한다. 그러면 당신은 이틀 동안 다루어야 할 다른 안건을 가지고 스폰서와 협의해야 할 수도 있다.

Question 2

워크숍은 쉽지 않을 것이다. 영국 팀 매니저가 프랑스인들이 비협조적이라고 생각한다면, 워크숍에서 영국 매니저는 프랑스인들의 협조를 얻기 힘들 수 있기 때문이다. 워크숍에서 팀 간 업무 방향성 맞추기를 목표로 한다면, 그런 과정 속에서 협업이 이루어질 것이다.

워크숍을 이용해서 사람들을 조정할 수는 없다고 스폰서에게 설명해야 한다. 스폰서가 모든 참석자의 의견을 경청하고 이해해야 한다는 점을 인지시켜야 한다. 그렇지 않으면 스폰서는 워크숍 전에 가졌던 것보다 더 나쁜 상황, 즉 이해와 협력이 악화되는 상황에 처하게 될지도 모른다.

확인해야 할 내용은 다음과 같다.

- 팀원들이 서로를 얼마나 잘 알고 있는가? 서로 소개하는 데 얼마의 시간이 소요될 것인가?
- 워크숍 시간이 얼마나 될까? 이틀 동안 서로가 친해질 수 있는 시간을 갖는 것을 추천한다. 많은 선행 작업이 이루어지지 않는 한, 갑자기 계획을 세우기에는 시간이 너무 짧다.
- 공동 계획을 수립하는 프로세스가 어떻게 진행될 것인가? 어느 정도 협업이 이루어지기를 기대하는가? 이미 정해진 목표와 목적이 있는가?
- 이번 워크숍은 '무엇'에 초점을 맞출 것인가, 아니면 '어떻게'에 초점을 맞출 것인가? 스폰서의 기대 수준은 참석자들에게 광범위한 목표를 논의하게 하는 것인가? 아니면 구체적인 전략에 대해 논의하게 하는 것인가?
- 현재 팀 내/외부에서 직면하고 있는 문제와 과제는 무엇인가? 현재 상황을 인식하는 것으로부터 시작하라.
- 워크숍 결과물은 무엇인가?
- 워크숍을 영어로 진행할 것인가, 아니면 프랑스어로 진행할 것인가? 혹은 언어에 문제가 있는가?

프랑스와 영국에서 선발된 팀원들을 인터뷰하여 그들이 현재 문제를 어떻게 보고 있는지 그리고 어떤 계획을 가지고 있는지 알아보라. 그런 다음 아래의 요소를 중심으로 워크숍을 구상하라.

- 서로 알아 가기
- 팀워크 향상하기 (무엇을 개선할 것인가?)
- 팀이 직면한 문제와 과제에 대한 공통된 이해 달성하기
- 우선순위 설정하기
- 향후 2년간의 계획 수립하기
- 행동 순서를 정하고, 실행 약속하기
- 계획 모니터링 및 검토하기

영국 팀 매니저가 그의 오랜 친구를 퍼실리테이터로 선택했다는 것은 주목할 만한 가치가 있다. 그 결과는 무엇인가? 퍼실리테이터는 영국 팀의 견해를 대변하는 것으로 보일 수도 있다. (당신이 프랑스인이 아닌 한) 다음 중 하나를 수행함으로써 이러한 부정적인 영향을 막을 수 있다.

- 프랑스 팀이 추천한 퍼실리테이터와 공동 워크숍을 추진한다.
- 프랑스 팀에 더 많은 발언권을 부여하고, 그들을 위해 워크숍을 프랑스에서 개최한다.
- 프랑스 대표 팀원을 의제 설정 과정에 참여시킨다.

역자 후기

이 책으로 이제 누구나 퍼실리테이션 할 수 있다!

2019년 어느 날 우리 중 한 사람의 제안으로 *Facilitation Made Easy*를 넷이 함께 번역하기로 했을 때 번역하는 데에만 1년이 넘게 걸릴 줄은 아무도 예상하지 못했다. (길어야 5, 6개월이면 될 줄 알았다.) 그런데 막상 시작해 보니 네 사람 모두 퍼실리테이터로 활동하고 있어서 번역 모임 일정을 잡는 것부터가 쉽지 않았다. 게다가 내용을 나눠 각자 맡은 부분만 번역하는 것이 아니라 모든 문장을 하나하나 같이 번역해 나가는, 일종의 번역 퍼실리테이션 프로젝트로 진행하였기에 더 많은 시간과 노력이 요구되었다.

번역에 너무 많은 시간이 걸려 초반에는 과연 우리가 끝까지 해낼 수 있을까 하는 의구심이 들기도 했다. 책의 내용 또한 제목처럼 쉽고 간단하지만은 않아서, 이따금 행간의 의미와 저자의 의도를 서로 다르게 해석하는 경우가 생기면 그때마다 이견을 좁히며 문장을 매만지는 일에 발목이 잡히곤 했다. 그래도 우리는 퍼실리테이터답게 협업 역량을 발휘하며 끈기 있게 함께 연구한 결과, 마침내 누구나 쉽게 배울 수 있는 퍼실리테이션 안내서인 이 책의 번역을 끝낼 수 있었고, 기쁘게도, 번역을 넘어 우리의 지적 노동의 결과물인 이 책을 세상에 내놓게 되었다.

이번 번역은 무엇보다 퍼실리테이터로서 매우 유익하고 가치 있는 경험이었다. 한국퍼실리테이터협회의 퍼실리테이터 양성과정을 수료한 이후 줄곧 다양한 현장에서 퍼실리테이션을 진행해 오면서 늘 뭔가 채워지지 않는 갈증이 있었는데, 이 책을 번역하면서 상당 부분 해소되는 느낌이었다. 퍼실리테이션의 거의 모든 내용을 기본에 충실하게 설명하고 있는 이 책이 우리를 초심으로 돌아가 퍼실리테이터로서 타성에 젖어 있지는 않은지 스스로를 돌아보게 해주었던 것이다. 한편 외국의 퍼실리테이션에 비추어 현재 우리가 실행하는 퍼실리테이션을 찬찬히 비교하며 점검해볼 수 있는 기회를 제공해 주기도 했다. 한마디로 이 책과의 만남은 우리에게 퍼실리테이터로서의 자세를 가다듬는 계기가 되었다고 할 수 있다. 특히 인증전문퍼실리테이터(CPF)로 활동하며 협회 심사위원으로서 퍼실리테이터의 자격을 심의할 때마다, '과연 이 지원자를 합격 혹은 불합격시키는 근거가 충분한가?'라는 물음에 항상 고뇌하곤 했는데, 이 질문에 좀 더 명쾌한 답을 구하는 과정으로서 이번 번역 작업은 큰 의미가 있었다.

이 책은 저자가 서문에서 밝히듯이 누구나 퍼실리테이션을 이해하고 실행할 수 있게 해주는 책이다. 퍼실리테이터들이 참조하고 싶어 하는 기법과 사례, 특히 설계 사례를 색다른 관점에서 충분히 제공하고 있다. 이와 같은 이 책의 장점이 잘 전달되도록 우리는 정확하고 충실하게 번역하고자 노력하면서 독자가 잘 이해할 수 있도록 필요하면 각주를 붙이거나 한국의 상황을 고려하여 의역함으로써 전체적인 의미를 살리려 했다. 혹시 전문 번역가가 아니라 생길 수 있는 기술적인 문제는 혼자가 아닌 네 명이 함께함으로써 최소화했다고 생각한다. 하지만 완벽할 수는 없으니 잘못되거나 어색한 번역이 보이더라도 독자들의 너그러운 양해를 바란다.

퍼실리테이션 관련서들은 많다. 번역서들도 이미 여럿 나와 있다. 그런데 번역서의 경우 번역자가 내용을 충분히 이해하지 못한 채 우리 상황에 끼워 맞춘 듯한 번역을 한 경우가 종종 눈에 띈다. 그럴 때면 퍼실리테이터로서 몹시 아쉬웠는데, 어쩌면 그래서 이 책을 번역하게 되었는지도 모르겠다. 퍼실리테이터가 번역한 퍼실리테이션 책을 생각한 것이다. 누구나 이해할 수 있는 쉽고 간단한 퍼실리테이션 책, 입문자에게도 현장에서 활동하는 퍼실리테이터에게도 두루 실제적인 도움이 되는 책. 이 책은 다행히 그런 책이라고 말할 수 있다.

우리는 함께 번역하면서 많은 의견을 나누었고 이 책의 내용으로부터 그리고 서로에게서 많은 것을 배웠다. 무엇보다 퍼실리테이터로서 퍼실리테이션 하는 것처럼 공동번역 작업을 했다는 것에 자부심을 느끼며, 공동번역이라는 새로운 퍼실리테이션 모델을 후배 퍼실리테이터들에게 제시한 것 같아 뜻깊게 생각한다.

    탁월한 식견으로 이 책의 원서를 소개해 주신 한국퍼실리테이터협회 윤경로 명예회장님에게 감사드린다. 그분의 격려에 힘입은 바 크다. 모쪼록 이 책을 통해 많은 독자들이 퍼실리테이션에 관심을 갖기를 바라며, 아울러 퍼실리테이션으로 협업의 즐거움, 성장의 기쁨을 누리기를 희망한다.